地中海三千年

MEDITERRANEAN
THE PLEASURES OF HISTORY AND LANDSCAPE IN TUNISIA, SICILY, DALMATIA, AND THE PELOPONNESE

[美] 罗伯特·D. 卡普兰/著
龙瑾/译

湖南人民出版社

本作品中文简体版权归湖南人民出版社所有。
未经许可，不得翻印。

图书在版编目（CIP）数据

地中海三千年 /（美）罗伯特·D.卡普兰（Robert D.Kaplan）著；龙瑾译.
—长沙：湖南人民出版社，2021.6
ISBN 978-7-5561-2533-3

Ⅰ.①地… Ⅱ.①罗… ②龙… Ⅲ.①地中海区—文化史 Ⅳ.①K103

中国版本图书馆CIP数据核字（2020）第157737号

MEDITERRANEAN WINTER: THE PLEASURES OF HISTORY AND LANDSCAPE IN TUNISIA, SICILY, DALMATIA AND THE PELOPONNESE by ROBERT D. KAPLAN
Copyright © 2004 BY ROBERT D. KAPLAN
This edition arranged with BRANDT&HOCHMAN LITERARY AGENTS, INC. through BIG APPLE AGENCY, INC., LABUAN, MALASIA.
Simplified Chines edition copyright: 2021 Changsha XiaohouKuaipao Culture Communication Co., Ltd. All rights reserved.

DIZHONGHAI SANQIAN NIAN

地中海三千年

著　　者　［美］罗伯特·D.卡普兰
译　　者　龙　瑾
出版统筹　陈　实
产品经理　田　野
责任编辑　李思远　田　野
责任校对　夏文欢
装帧设计　水玉银文化
版式设计　谢俊平

出版发行　湖南人民出版社有限责任公司［http://www.hnppp.com］
地　　址　长沙市营盘东路3号
邮　　编　410005
电　　话　0731-82683357

印　　刷　长沙超峰印刷有限公司
版　　次　2021年6月第1版
　　　　　2021年6月第2次印刷
开　　本　880 mm × 1240 mm　1/32
印　　张　9.25
插　　页　12
字　　数　200千字
书　　号　ISBN 978-7-5561-2533-3
定　　价　68.00元

营销电话：0731-82683348（如发现印装质量问题请与出版社调换）

……我们披戴满月的柔光回到旅店，出门已是今日破晓前之事。趁仆人仍忙着为我们准备晚餐，我找到僻静处仓促着笔，若稍有拖延，我恐心绪有变，就此离开这里，错失了为你提笔的兴致。

　　　　　　　　——意大利诗人彼特拉克《登旺图山》
　　　　　　　　　于1336年4月26日

目　录

前言与致谢　001
一　母狮女神　003
二　白袍神父博物馆　021
三　朱古达之桌　045
四　保罗·克利的伊斯兰印象　073
五　灰之美　093
六　缄默的神殿　107
七　陶之城　121
八　西西里之行　143
九　哈德良行宫　169
十　戴克里先宫　177
十一　杜布罗夫尼克的振兴　193
十二　烛火摇曳的魔力宝盒　213
十三　文学中的拜占庭　221
十四　摩里亚半岛与新柏拉图主义　239
十五　地中海最后的帕夏　261

推荐书目　276

前言与致谢

本书记载了我于1975—1976年在突尼斯与西西里的一次旅程,以及1971—1978年前往达尔马提亚、希腊部分地区的几次淡季之行,还部分涉及1980年代以及1990年代的一些旅行。我每次的旅友都不尽相同,所见所闻也各异。绝大多数旅程都发生于我的少年时期或是二十出头的年纪。为便于阅读,特此糅进一个篇章进行叙述。

少量手稿以《纽约时报》的两篇文章改编而来:1980年10月26日刊登的《从雅典教堂回到拜占庭时代》、1998年9月13日刊登的《杜布罗夫尼克:荣耀的凤凰城》。

感谢我的代理卡尔·D. 布兰特(Carl D. Brandt)以及兰登书屋编辑乔伊·德·麦尼尔(Joy de Menil)给我的建议与支持。特此鸣谢《大西洋月刊》主编库伦·墨菲(Cullen Murphy)对本书的补充指导。此外,我要感谢安·高朵芙(Ann Godoff)、凯特·麦迪娜（Kate Medina）以及温塔奇出版社平装书部门的同仁们——卢安·沃瑟（Luann Walther）、马丁·阿舍（Martin Asher）、安德鲁·米勒（Andrew Miller）、大卫·海德（David Hyde）。我与他们并肩工作完成了许多作品。古典文学家兼军事历史学者维克多·戴维斯·汉森（Victor Davis Hanson）与专攻拜占庭和中世纪的学者亚里斯蒂德·D. 卡拉扎斯（Aristide D. Caratzas）为我悉心校对了文稿的历史细节，衷心感谢。我还得到科尔比·库莫尔（Corby Kummer）、莫伊（Moye）一家、安妮·莱斯金（Annie Raskin）、我的助理伊丽莎白·洛克尔（Elizabeth Lockyer）的鼎力相助。真诚地感谢我的妻子玛丽亚·卡布拉尔（Maria Cabral）对我多年离家在外漂泊的隐忍包容。

MEDITERRANEAN CENTER

一

母狮女神

神祇寄寓于美好的记忆：叶子如同失去质量的铜，镌刻着年月，落在巴黎罗丹雕像园的林间。对罗丹而言，人体是大自然的终极表达，而裸体绝非堕落，因其承载了世间万象的荣光与痛楚。在这位艺术家的宅邸里，如同奥地利诗人赖内·马利亚·里尔克所写，"即使雕像缺失了手臂，我仍能回想他四肢健全的整体；即便那座女性雕像面容憔悴、乳房下垂、腹部松弛，仍不失美丽"。罗丹明白，四肢与青春是对于美的浮夸矫饰。

　　罗丹的作品《老妇人》是名副其实的旅行女神。她的躯体承载了她一生的苦痛磨难，她向下凝视的眼神中流露出记忆的沉淀。她的知识阅历而今已不再夹杂任何现实目的，唯有沉思回忆。不错，这尊雕像可能象征着一名愧泣自身罪孽的烟花女子，但事实是旅程，就是我们与自我坦诚相见的地方。法国哲学家亨利·柏格森说，我们记得必须记得之事，以便耐受之。也正因如此，寻常事物屡遭遗忘，而我们的旅途却从未被忘记。

"凡人看不见塞壬,"①希腊作家尼科斯·卡赞察基斯认为,"凡人听不见空中的歌声。他们眼盲失聪,只顾闷头俯首,在命运的主宰下费劲划桨。而更具见识者是船长,听从于内心深处的塞壬……甘心穷尽一生做塞壬裙下的不二臣。"

卡赞察基斯的塞壬之歌是一种"悲悯的嗓音"——埃及母狮神的化身。母狮神陪伴了他所有的旅程。"她的爪牙深深嵌入我的大脑,我们一同回顾了所见所闻以及尚未见闻之事。"英国诗人罗伯特·格雷夫斯则称之为"白色女神",可能以"母狼、母狮、美人鱼抑或面容可憎的老妪"形象出现。格雷夫斯认为,对作家眼界的考验便是为她"画像的精准度"。

女神的外在美尽在她的双眸,而其致命诱惑却是心灵的活动,因为,那是对每一种新鲜事物与景色进行对照、隐喻后意念得以升华所产生的一种渴望。

雕像上的落叶便是我14年来对秋天的最后印象。自我登上南下马赛列车的那夜,罗丹雕像园便已交付往事。同所有日记坚持者一样,趁属于那里的思绪仍占据我的脑海,我在开启新篇章之前将当时所感写了下来。

如今我在追忆中旅行——仅提取最有价值的部分。如此,我将尽量避免谈及私人琐事。

---

① 塞壬源自古老的希腊神话传说,是一名人面鱼身的海妖。她在大海上飞翔,拥有天籁般的歌喉,驾船路过的船员因被其歌声诱惑而触礁沉没,船员则成为她的腹中餐。——译者注(下文脚注均为译者注,无特殊情况不再一一说明)

刚大学毕业那会儿，我在佛蒙特州的一家小报社工作。1975年那个夏天，我看到了黎巴嫩内战的晚间报道。怀揣着成为一名外国战地记者的渴望，我向各大通讯社、电视台、都市报投递了简历。然而作为一名资历短浅的新人记者，加上平庸的学历背景，我的简历毫无亮点，没有一家机构聘用我。

我有些躁动不安。我父亲现在是名货运司机，但他二十来岁时搭火车闯遍了美利坚大地，他在本土48州①的43个州内兜售赛马情报，以此维生。若当天大赚一笔，他会抽雪茄，入住豪华酒店，但24小时后他就被打回20世纪30年代失业大军的行列。他向我提起他在美国大萧条时期的众多风流往事，仍属于质朴田园的国家形象跃现眼前。在那个时期，他的骗局无伤大雅，别人还会在他穷困潦倒之际接济一顿。

父亲的旅行记忆停留在1942年。彼时，他刚从路易斯安那州波尔卡堡结束基本训练，便登上了北上集结派赴欧洲战场的军列。行至伊利诺伊州开罗铁路枢纽，落日的绚烂余晖洒在北美草原上。来自不同方向的列车在此汇入同一轨道，接下来，士兵们将前往东海岸的各个站点，轮船已在岸边列队等候。越过车站宽阔的拱顶，映入他眼帘的是一趟趟军列，士兵向窗外张望，列车蜿蜒前行，落日映红无垠的平原风光。

我有一位旅友。尽管彼此亲近让我们的旅途自在，但在我们各自埋头于笔记本默默记录时，我们作为孑然的个体造就了

---

① The lower forty-eight states，指代美国除夏威夷与阿拉斯加之外北美大陆上的48个行政州，这里的lower指纬度相对低的。

片刻存在的静默空间。其间"我"这一代词大大超越了"我们"。

如同穿梭于一家博物馆的曲折回廊,我漫步于旅途各处景观之间,不断探寻着大学时期苦寻未果的理想职业。因为如今我对那些地方有了较之于初见时更多的认知,所以我的回忆无可避免地带有修饰性与失真感。

里尔克曾写道,卢浮宫的希腊与罗马展品"向罗丹显露出熠熠生辉的古典世界——来自远古文明的南部天空、海域以及沉重的石像"。罗丹并非简单重复希腊和罗马风格,他是基督教文化两千年来的集大成者。彼时原罪疚怨引发了大量动乱,罗丹的雕塑作品产生了深远的影响,但也由此缺失了古典雕塑中常见的理想化的宁静。我曾在书中读到突尼斯与西西里岛,并从此对其念念不忘,那里的古老遗址与中世纪教堂让我想起罗丹的雕塑。

用卡赞察基斯的话说,那些"穷尽一生"追寻母狮的人,生命中的大事都来自书本,而非途中遇见的人。有些书向我们展示了一个崭新的世界,有些书则让我们保有自身的体验。书会让人陷入迷途,书会摧残心智,书也会将人从环境的束缚中解救出来。部分书影响深远,让人能清晰地回想起当初找到那本书以及阅读时的心境。

对人生有影响的书并非不期而遇,也非刻意求得。发现好书的过程如同拾荒者在垃圾箱里挑选到有用之物,抑或是猎人守株待兔等到了猎物。这种寻宝探险需要警觉敏锐之心,德国哲学家沃特·本杰明说:在城市中迷路这件事,需要多加实践，才能发现其意义所在。

　　10月，那是日头晃眼、树影斑驳的一天，我心情有些阴郁，漠然无视绚丽的树叶，无意间走进了新罕布什尔州汉诺威的一家书店。我在后搁架上发现了法国作家福楼拜的《萨朗波》以及法国史学家扎拉法的《突尼斯》，还在书店靠前的桌上找到了古罗马史学家提图斯·李维的《汉尼拔战争》。我由此走进了数个古文明与古王朝：努米底亚文明、罗马文明以及迦太基文明；汪达尔王国和拜占庭帝国；艾格莱卜王朝、齐里王朝和哈夫斯王朝。同时还结识了诸位君王将领、伪圣真贤：朱古达、大西庇阿、汉尼拔、盖塞里克、圣奥古斯丁、多纳图、查士丁尼、伊本·赫勒敦。

　　福楼拜在《萨朗波》中描述了迦太基与公元前241年叛变的利比亚雇佣兵之间的战争，他对于完备国家组织自卫和回击一支无政府雇佣兵的描画足够震撼骇人，给我留下了久远的印记。在福楼拜笔下，突尼斯变成猛兽盘踞、满目疮痍、血腥残暴之地。在其刻画之下，雇佣兵身上涂抹了朱砂，"如同珊瑚雕塑"，睡在烧焦猴尸堆旁的士兵们"嘴张得大大的"，鼾声四起，沿路都是被钉在十字架上惨遭处死的狮子，野蛮人往圣像脸上涂抹黄油和肉桂，以此欢庆胜利，孩童们作为祭品被献给异教神巴尔。迦太基女祭司萨朗波在雇佣兵营帐里找到只身一人的利比亚雇佣兵首领时，散发出"蜂蜜、胡椒、熏香、月季"的芬芳，而附近象群的腐败恶臭透过营帐的豁口阵阵袭来。在男童被屠杀献祭前，福楼拜通过降临于众的暴风雨，罕见地表露出对于孩童祭祀背后的人性思考。

在福楼拜所描述的战争20年后,便是李维笔下古罗马与迦太基之间的战争。尽管其中大多数战斗发生在西西里岛,但是战争的高潮仍在突尼斯。作为西西里海峡的关卡要塞,千百年来突尼斯一直是地中海西部的卫兵。在那个秋日,我仔细研究了突尼斯与西西里的地图:两个令人神往的地方,沙漠无垠,杏树遍山,断壁残垣。处于动荡流离的两地百姓容纳了基督教、多纳图教派[①]、伊斯兰教,三种教义的教众势均力敌。这样两片土地构筑了地中海的咽喉,将其划分为东西两面,每一面,据我所知,都有其独特的历史文化沿革。

抱着游历地中海的想法,我准备飞往法国再乘船去突尼斯。接下来的冬季显得格外漫长。大量实践证明:因为总有时间弥补过失,所以人的时间概念并不牢靠。但若非如此,又如何重获无限可能的感受呢?

1975年11月,一个寒风凛冽的午夜,我在巴黎里昂火车站搭上前往马赛的列车。黎明,列车行至阿尔勒附近,我在刺鼻的咸空气中醒来,窗外是一排排橄榄树,天色如同碾碎的葡萄肉一般柔和。苍翠的田园起伏平缓,其间出现一排清晰的杨树,画面从此切换,出现了连绵的沙丘和塌陷的黏土屋顶,北方已然无影。我当时身上留有总额为1000美元的旅行支票,但回程票尚未购买。

---

① 创立于311年的北非基督教分裂派,兴盛于4—5世纪。

我离开了佛蒙特州的报社，也不愿另谋他职。这些年我遇见过许多自由职业记者，同他们一样，对于重要媒体机构海外通讯记者的社会地位、职业身份或是丰厚的差旅费，我向来不甚感冒。我自己一面阅读钻研，一面向报社投稿，赚取的稿费勉强能维持我在青年旅舍或廉价旅店的住宿以及继续旅行的费用。创新是我那时候为生活所迫而秉持的信条。那是传真和快递尚未面世的年代，没有钱打越洋电话，我只能依靠当地邮局收取用稿函或拒绝信、稿酬或退稿。我的选择完全取决于取件当下的状态。那真是一段恣意洒脱的日子。

穿过马赛圣查尔斯车站熙熙攘攘的人群，我一路直冲进了城区：站在站台陡峭的大理石楼梯上，能看到拥挤的大道直通旧港的全貌。小杂货店与玻璃板售货亭之间，头戴滑雪帽的深肤色男人来来往往，购买标有"清真"字样的零食（为穆斯林所制）。那是我第一次嗅到垃圾味儿的冰冷的地中海气息。灰沉沉的阴云下起了风，我感到了如同置身巴黎的寒意。耳边是阿拉伯语和法语喷射的断奏音，如同意大利语般噼啪作响。一辆辆货车正在卸一箱箱鱼类和农产品。我走进一家昏暗的酒吧点了一杯咖啡。桌椅都摆放在后面。新艺术风格的带饰为破损积灰的镜面增添了几分光彩。角落立着一台弹珠游戏机，男人们在那里一边闲聊一边涂画乐透彩票。我找到一家相当于4美元一晚的旅店，那是一个褪色泛黄的房间，地板潮湿，水管裸露。旅店位于比萨连锁店林立的窄巷里，路边有在铁皮摊位边兜售廉价手表与古龙水的阿拉伯人。

巴黎堆满了镶着金边的镜子，店面规划精细，博物馆星罗棋布，部分街巷铺上鹅卵石。马赛则是一阵凛冽的风，刮走了繁文缛节和传统礼俗，余下的空间都塞满了行色匆匆的阿拉伯移民劳工。马赛的粗犷便是其迷人之处。19世纪的莫泊桑写道，马赛"在艳阳下挥洒汗水，好似有恃无恐、不惜容颜的美少女"。

马赛是态度恶劣的服务生、塑料椅子、胶质桌布，也是鲱鱼和鳗鱼混蒸的味道。这儿的生活属于户外：人们甚少关注室内的细节。这里的深港处于半圆形剧场般环绕的山丘之中，吸引了来自小亚细亚海岸福西亚①的希腊水手，他们于公元前600年建立了马赛。马赛旧称"马赛利亚"，在腓尼基语中表示"定居地"，如此看来，或许更早一步踏上马赛土地的是腓尼基人。希腊人的"马赛利亚"对于迦太基的区域权威产生了威胁。在孟德斯鸠笔下，"迦太基与马赛人因为渔场发生过几次大战"。高卢地区的希腊人尽管身陷罗马的殖民统治之下，却从未同罗马人结盟对抗过迦太基。孟德斯鸠继续写道：

罗马人在西班牙向迦太基挑起战争，马赛在其中扮演了货仓的角色，坐收渔利。迦太基和科林斯相继沦陷，又为马赛人带来了更多财富。若不是内战爆发，被迫慌不择路选了立场，

---

① Phocaea，古希腊城邦，位于爱琴海北部今土耳其境内。

马赛人估计将一直处于罗马人的庇护之下,毕竟罗马人对马赛人的生意并不眼红。

马赛让我明白,在地中海的历史中,权力第一,美丽次之。我在卢浮宫见到的艺术品都是富庶大国的产物,富庶大国往往先精于繁荣贸易和军事战备,而后才能创造出伟大的艺术。除了法国学者费尔南·布罗代尔称之为"罗马荡平霸权"阶段(公元前146年罗马彻底扫荡迦太基之后的阶段)之外,从远古到中世纪,地中海地区一直都是政治权力制衡的范本。贫瘠的沙土让这里的人们不得不出境南征北战,然而无论是迦太基人、希腊人、汪达尔人、拜占庭人、威尼斯人还是土耳其人,无人能掌控整片地中海。我眼前的这座城市便是那段动荡历史的复制品:来自北非的阿拉伯人、意大利人、西班牙人、希腊人、科西嘉人以及其他地区的移民,纷纷涌入这个街道脏乱、社会秩序和商贸活动被破坏的地方,马赛成为地中海最具代表性的城市。

尽管古罗马历史学家塔西佗也称古代福西亚的都城同样粗俗,但是在古代福西亚人的心目中,马赛完全是重商主义的城市,公共古迹极少。仅有的公共古迹反映出经济复兴所带来的人口需求。两座19世纪的教堂风格深沉,暗淡的色泽显露出的是坚毅,而非优雅。教堂内塞满了还愿物,都是祈求奇迹出现的愿望,给予人们面对明天的力量。马赛主教教堂(又称玛卓大教堂)是仿拜占庭式的建筑群,坐落于港口旁,靠近致敬月神狄安娜的异教神殿。守护圣母圣殿坐落于一处俯瞰城市的裸岩之上，圣母镀金的雕像全方位可见，如同一枚巨型护身符。

卡内比耶大道是马赛的主干道，卖箱包玩具的平价店排列两侧。卡内比耶的名字取自拉丁语cannabis，因附近曾有一家麻绳制造厂而得名。循着这条大道，我走到旧港。港口由两千五百多年前福西亚的希腊水手修建，呈长方形，水域开阔，银灰色的海水翻涌，岸边是百叶窗闭拢的老旧公寓群。我没有打伞，任由雨水在身上拍打。一滴紧接着一滴，雨来得急，海面犹如罩上了一层毛玻璃。在湿滑的滨海空地上，身着湿漉漉工作服的人们正在帆布棚下排队，等着大块大块的鲈鱼以及小山一般的生蚝，头顶的帆布在风中哗哗作响。

想到要回到那个没有暖气的潮湿房间，身上的衣物难以干爽，也并无太多可换洗的衣服，我感觉到睡眠不足的夜里彻骨的寒意。不过，雨很快停了，太阳冲破云层，港口的海水平静下来。我即刻被鱼和海水的恶臭包裹，似乎同其他港口的距离因此缩短，心中又涌现出各种可能性。我走向守卫外海入口的中世纪桥头堡，身上的衣物也慢慢干了。

见雨停了，一个裹着头巾的老妇人来到屋顶晾晒衣物。头戴低顶圆帽的老头们聚在小巷，玩起了滚球游戏。就在这样的街巷日常生活中，我感到自己仿佛成了这座城市的一部分。在不合时宜的季节走进一座城市，如同见到在家裹着浴袍却浓妆艳抹的女人，既亲切又失落，或能让人从中有所感悟。英国的地中海研究权威帕特里克·莱伊·费莫尔写道："不同于夏日短居,冬日小住给人以光荣的居民之感。"

阳光重现,我感觉莫名度过了自己的第一个危机。没有遭劫,护照也并未遗失。同所有旅行者一样,我只是单纯感受到了短暂的孤独。

我买了一张从马赛到突尼斯的二等舱船票,全程25小时。催眠的中东音乐从一台沙哑的扩音器中大声传来,同时船身也开始摇晃,缓慢而稳当的晃动载着我们驶向地平线。男人们坐在勉强用布和绳拴起来的鼓鼓囊囊的行李箱上,其中有一人身着鳄鱼纹长裤、红袜子和黄色运动外套。直到亲眼在突尼斯见到突尼斯男人身着优雅的卡夫坦长袍和契奇阿斯红毡帽,我才意识到,因为手头紧张或是不懂欧洲品位,这些工人在能负担的范围内购买了马赛的仿西式服饰,也可能只是随性为之。

一阵风溅起水拍在甲板上,马赛已遥不可见。我想起顶层密集的红黏土瓦,人潮汹涌的繁忙码头,马赛主教教堂的大穹顶以及四个小穹顶,仿若一名忠诚士兵正在行礼。旧港由两座堡垒守卫:耶路撒冷骑士团于14世纪修建了圣约翰堡;奉路易十四之命,圣尼古拉斯堡修建于17世纪。这便是万古不变的人类野心炫耀大典——以宗教与武力为名的追名逐利竞技。

很快,我们经过石灰岩裸露的岛群,这些岛屿排列如同戏剧场景中的陈设一般精准。其中最小的岛屿是伊夫岛,正是大仲马小说《基度山伯爵》中主人公爱德华·唐泰斯为人构陷后被俘囚禁之所。我们继续航行,海水从翠绿变为墨黑。

马赛在视线中消逝,甲板上的风和嘈杂的交谈声也消停了。就连那台扩音器也关掉了。人们从船舱上来，三五成群，四处指点，直到最后一座离岸小岛也化作天际一点，他们的交谈才终于停歇。我想到葬礼前的闲谈，以及葬礼开始后骤然的肃静。甲板上的人群散去，太阳熔化，化作熔浆流溢形成一块熔岩三角洲。

咸湿的空气黏附在我的脸上，聚在我的耳后，我感到一股伴着反胃的倦累。甲板不停地在我身下起伏晃荡，只有再次升起才承接住了我的身子。很快，开始有人在固定于走廊的烟灰缸里呕吐，四处都是踉踉跄跄的人。我试图去甲板上呼吸新鲜空气，奈何外面开始下起暴雨。于是我就这样静静待了一分钟左右，望着海水在雨中泛起银光。在海水翻涌中，漆黑的冬夜裹挟其间，无人不晓的地中海就是一片汪洋，逃脱了人类历史的局限，无垠的空间中回荡着动乱与永恒的声响。人们对于地中海的常见说辞中，有一句它是"一片人类可丈量的海洋"的说法，但在那个夜里，在其间穿行 500 英里的我获得了截然不同的感受。

事后，我了解到，对于希腊人、罗马人、西班牙人、威尼斯人以及土耳其人而言，地中海绝不温驯，其船舰只在温煦的天气中沿岸航行。用布罗代尔的话说，地中海的辽阔海域，仍"如同撒哈拉沙漠一般空荡"。16 世纪末，从威尼斯到巴勒斯坦需要两个月的航程。地中海由沿海大陆架塌陷形成，浅海海域相对较少，离陆地不远便进入海洋：希腊的离岸深度为 14450 英尺（约合 4.404 千米）。海洋学家们常说

"生物枯竭",意味着缺乏海洋礁岩维系大量海洋生物,在地中海悠久的历史中几乎没有远洋渔船队,精良水手与船工人才短缺,阻碍了这片海域的探索冒险,使得地中海更具神秘色彩。

由此,对人类而言,地中海并非一片完整的海域,而是系列小水域的组合——亚得里亚海、爱琴海、第勒尼安海等,每一片水域都有其自身迷人的魅力。往往海域越是狭小,其历史影响就越是远大,因为人类能够掌控小片海域,并在其间留下活动痕迹。迦太基人定期往返于北非,西至直布罗陀海峡,东至西班牙沿岸,留下浓墨重彩的一笔。但我所眺望之处鲜为古人知,因而也缺乏神秘感与浪漫气息。

地中海气候是两股气压势力抗衡的结果——撒哈拉沙漠与大西洋。撒哈拉沙漠处于距离北非海岸不远的内陆,其高压由春至秋控制着整片地中海,带来了干热气流、炽热光线,以及从古至今引得游人文青纷至沓来的无垠蓝天。而由秋入冬,则由大西洋气流主导,西面的低气压式微,亚速尔群岛上空的高气压发挥效力。雨冲刷着我的外套,我感到了一股极寒的孤独。我蜷在走廊尽头的角落里,睡了几个钟头,直至破晓。

> 太阳在强大的时光中倾斜
> 凛冽的冬季来临,来自北方的劲风
> 掀起海面波涛……

后来，当我读到维吉尔《埃涅阿斯纪》里的这些语句之时，那夜在海上的短暂体验便浮现在我的脑海。通过这趟旅程，我养成了搜寻途经地海陆地理相关书籍的习惯。阅读如同一场外科手术：解剖四周环境及自身的旅行动机。

维吉尔写道："无论发生什么，忍耐总是能掌控一切命运。"亲历战争的军官更能体会其含义。同理，我在成家后，才真正领会到维吉尔、荷马、丁尼生等人舟车劳顿的意义。我在马赛的孤独感，不过预示着奔波多年后的内心感受：可能是在儿子生日当天，只身一人在西非的某个村庄里生着病；也可能是远在家乡的爱妻病重卧床之际，遇上政变，全城戒严，滞留苏丹。正因为有了自己的小家，当维吉尔描写英雄埃涅阿斯选择离开迦太基女王狄多舒适安全的宫殿继续踏上征程时，或是当荷马写到奥德修斯在上路的诱惑下依然小心珍藏的记忆时，我有了更为深刻的体会。

醒来时海面平静了一些，我误以为天气有所缓和。船已经来到地中海南岸的海面。阳光刺透云层，投在阴郁的海面上。就这样，我们在历史上伟大的航程中行进了几个小时。基于突尼斯相关资料的有限阅读，我了解这些水域上曾驶过腓尼基人的大帆船、汉尼拔及其对手大西庇阿的战船，而拜占庭贝利萨留将军的战舰也曾于534年在此击溃汪达尔人、土耳其海盗等对手，再次印证了该海域自古以来便是西方世界战略核心的地位。船驶入以法利那岬为标志的突尼斯湾，公元前204年，为了围攻汉尼拔，大西庇阿曾让3万罗马兵在此登陆。如同福楼拜笔下所描述的画面，我看见双角山被笼罩在神秘的阴影之中。传说这里是腓尼基太阳神巴尔（Baal）的地盘，其名已成为许多迦太基人名的组成部分，如汉尼拔（Hannibal）、哈斯德鲁拔（Hasdrubal）、伊蒂拔（Iddibal）……

斑斓的色彩渗入水域，同深海人迹罕至的灰色形成对比。冷杉与圣栎肃穆的绿意为新鲜的景色增添了一抹克制而深邃的意味。红土壤是香料的颜色。白色的别墅营造出童话般的场景，地标建筑极易识别，而距离也似乎不再那么遥远。

乘客们又一次悄然聚集在甲板上。水体骤然变为泥棕色，船进入拉古莱特港，这里的粮仓油罐同其他港口一样。让人意识到身在北非的是米黄色海港大楼的摩尔式拱门、一座独立的清真寺尖塔、几个甲板工人头上的传统红毡帽。船身有所偏转，御风而行，仿佛风是我们同陆地之间的最后一道屏障。罗马人攻陷迦太基后，将其新殖民地命名为 Ifriqa（当地柏柏尔语的拉丁化名词）。"非洲"一词一直指代的是如今的突尼斯，直至数个世纪后其含义才有了其他延伸。

很快，我们下了船，母狮的利爪也开始深深嵌入我的脑海。

MEDITERRANEAN

二

ENCOUNTER

白袍神父博物馆

普鲁斯特写道，地名是人们对"地表特定地点"注入思考的具象表达。帕尔马让人想到"袖珍而带光泽""泛紫色且柔和"；佛罗伦萨给人以"春之气息"与"乔托的天赋"之印象；在来自西西里的希腊史学家狄奥多罗斯看来，突尼斯令人想到白垩山丘上的一座白城。我眼中的突尼斯则是石膏灯的光以及刷了石灰、泛着微光的清真寺：因其临近卡扎菲的利比亚，散发出一种若隐若现的敌对神秘气息。更为详尽精确的内容则是在到了当地后我才知晓。

突尼斯与格列特港一湖相隔，湖边堤岸上立着许多粉红火烈鸟，湖水散发着盐与泥土的味道。我搭乘的破旧出租车驶入"美好时期"建造以及带装饰艺术风格的建筑群，污渍斑斑的白色建筑墙面如同残破的婚礼蛋糕，随之而来的是大茴香、薄荷以及烤栗子的诱人香味。天色尚早，小雨淅淅沥沥。我想起投映在水洼里的黄色车前灯。无花果树下有一些卖花小贩，在蝉声中用阿拉伯语与法语低声叫卖。这座城市有一种动画片的梦幻氛围——如同20世纪中叶昏昏欲睡的法国小镇，电车在狭窄街巷中缓缓行进。国家剧院的裸体白石膏雕像旁，一小群人正在购买话剧《波希米亚人》的入场券。其中有些纤细匀称、光鲜靓丽的青年男女，看上去像是时尚模特。几乎所有地中海文明都曾入侵过突尼斯，海盗也从沿海各地掠夺美女填充"后宫"，所以突尼斯的"血统"丰富。看着人们的面孔，我的脑海中会闪现他们血液中的历史。

历史（History）一词源自希腊语 istoreo，而 istoreo 与动词 oida 的完成式相关，在古希腊语中意为"看"，而后演变为"了解"，其同源词是拉丁语 video（意为"看"）。由此，"历史"的原始含义为"所见而后所了解的事物"。想法（Idea）也来自同样的词根。那个冬天的历史便是我先见到而后在书中遇到的事物。

1975 年，突尼斯男人头戴红宝石色的契奇阿斯毡帽，身着白袍，个别甚至会在耳后别上一枝白茉莉，如同别上香烟一般，这是自古代迦太基在伊斯兰世界延续至今的异教习俗，看上去诗情画意且性感，并不会太违和。

我只见到几个乞讨者。这座城市不像马赛那么拥堵或令人生畏。传统习俗是环绕突尼斯的呵护怀抱。1840 年，一名法国人曾写道："在巴巴里地区①，摩尔人从未表现得如此包容宽厚、彬彬有礼。"这句话放在当下依然适用。几年后，我游历至阿尔及利亚，对这句话更是深以为然。

---

① Barbary，巴巴里，北非的沿海地区，位于埃及和直布罗陀之间，在 16—19 世纪一度是海盗大本营。

我在突尼斯的第一餐并不是北非蒸丸子①，而是在地中海无处不在又必不可少的食物——速食快餐，即一片塞了油油的金枪鱼、香菜、大茴香、刺山柑、哈里萨辣酱②、黑橄榄的法国面包。地中海地区的黑橄榄源自美索不达米亚和波斯。广为罗马人援引的迦太基农学家玛果指出，橄榄树的种植间距应为 75 英尺（约合 22.86 米），以保障土壤肥力，而非古时候的 20 英尺（约合 6.10 米）。我在突尼斯见到并吃到了有生以来最多的橄榄。突尼斯同样盛产的还有枣子、血橙以及红椒。

突尼斯的集市同都城融合的程度之深，是中东其他都市所不及的。在市内狭长的街道上，既有精美的餐厅，也有首相官邸。当我对希腊的了解加深，便发现突尼斯的旧城好像希腊的一座露天集市：刷成白色的石灰粉墙、漆上天蓝色的门廊窗棂，还有茉莉花、烤面包和香薰油的味道。针茅草编成的篮子同蓝色铁丝制作的鸟笼堆叠成山，凸现出窄巷的立体空间感。随处可见一点也不浑厚隆重的精雕细琢的铜器以及其他东方集市会出现的品红色物品，比如近东与中亚毛毯。这里的安达卢西亚气息比波斯、美索不达米亚更为浓郁。这一切都发生在 20 世纪 90 年代"全球化"浪潮掀起之前，如今当地市场与开罗或耶路撒冷市场已无二致。

站在店铺屋顶，能看到集市独特的景致。我走上一座雨后

---

① Couscous，即库斯科斯，源自阿拉伯语，是北非柏柏尔族的特色传统面食蒸粗麦粉。
② Harissa，突尼斯特色香辣酱，主要由番茄和辣椒制成，可用于为库斯科斯等食物调味。

闪闪发光的阳台，地面上贴着玻璃瓷砖，石榴红的旋转立柱上嵌了大理石。低矮白色穹顶与尖塔构成的城市景色展现在我眼前。这座集市是哈夫斯王朝的遗产。

一群又一群柏柏尔游牧者横扫非洲西北部，在此建立薄弱的政权，又一一被推翻。王朝的兴建源自怀揣伊斯兰教义的狂热宗教分子将信仰强加给游牧民族。1159年，阿尔摩哈德王朝（Almohads，意为单一论者或是绝对一神论者）自摩洛哥的阿特拉斯山脉向东进发，征服了伊弗里奇亚（指中世纪阿拉伯人统治下的突尼斯），一万名战士进入突尼斯。1229年，一位名叫扎卡利亚的地方统治者宣布独立，阿尔摩哈德王朝开始分裂。扎卡利亚以其父阿布·哈夫斯之名建立了新的酋长国。继扎卡利亚之后，哈夫斯王朝踏平了阿尔摩哈德王朝的疆界，其统治往西远达摩洛哥的非斯。

然而，哈夫斯王朝因地域过广而未能维持统一局面。13世纪末，哈夫斯王朝开始瓦解。改朝换代后，形成了摩洛哥、阿尔及利亚和突尼斯如今的格局。不过，突尼斯仍处于哈夫斯王朝的控制之中，直至1534年突尼斯落入海盗卡雷丁[①]之手。卡雷丁是来自莱斯博斯岛的希腊人，后来成为伊斯兰教信徒。哈夫斯王朝对于突尼斯的长期统治也为后者带来新的特征——强化巩固了迦太基和罗马留下的传统。哈夫斯王朝鼓励摩尔人统治下的西班牙移民修建纪念碑，重整海岸平原，种

---

① 绰号Barbarossa，意大利语，意为"红胡子"。

植果树经营果园。16 世纪末,突尼斯已经是一座拥有 20 万人口的城市,它激发了塞万提斯创作《堂吉诃德》的灵感,而思南·帕夏①将其正式纳入奥斯曼土耳其的版图。

　　景致越美,你就越想要享尽其历史沿革与文化底蕴:精神享受最终都会落脚于审美艺术。对于突尼斯而言更是如此,因为它的美世人知之甚少。不同于意大利或希腊,突尼斯没有 D.H. 劳伦斯或是劳伦斯·德雷尔。在诺曼·道格拉斯笔下这里大多是沙漠绿洲。

　　抵达突尼斯不久,我在一家地毯铺里遇见了一个年轻人。他带我来到他叔叔家的咖啡店,教了我"恰克巴"的玩法。那是一种类似于赌场里用一副 40 张纸牌玩的游戏。咖啡店隔壁便是挤托纳(Zitouna,大橄榄树清真寺),于 9 世纪为阿格拉比特王朝所修建。阿格拉比特王朝源自伊拉克,随之引进的是朴素的建筑风格。玩倦了牌,我漫步走进清真寺的中心祷告堂,里面的希腊科林斯柱式来自罗马迦太基的废墟,柱基如今都覆上了针茅草编制的草垫。鸽子从墙头俯冲而下,雨云在天空中聚拢。我记得自己正在观赏来自伊拉克库法的阿拉伯碑文,两个小男孩过来向我售卖皮革装订的宗教释义。

　　彼时的文人墨客无不因哈夫斯的辉煌宫殿而拜访突尼斯,得益于此,大橄榄树清真寺内的图书馆藏书达到约 3.6 万册。参观过程中,我第一次见到伊本·赫勒敦的名字。伊本年轻时

---

① Sinan Pasha,奥斯曼土耳其军事人物。

常在这里祷告,在这里的小巷里散步,而中年时他经由非斯、格拉纳达重返突尼斯后,仍是如此。

伊本·赫勒敦,生于1332年,意大利文艺复兴时期才华横溢的作家、思想家、旅行家、历史学家,常居北非。在"伊弗里奇亚"时期①,伊本向苏丹和执政者建言;在摩尔人统治下的西班牙和马格里布地区,伊本也会向当朝统治者献策,这些地区后来逐渐成为摩洛哥。伊本一生的曲折辛酸都离不开冒险旅程。在对《古兰经》及其释义烂熟于心、熟习通读阿拉伯文学后,23岁那年,他在突尼斯被招募进哈夫斯宫廷工作,成为非斯苏丹阿布·伊南的秘书。而后,因对其起了疑心,苏丹将其打入大牢。两年后,直至这位苏丹辞世,伊本才得以释放。很快,伊本获得继任苏丹阿布·萨勒姆的青睐,同时却又失宠于首相。如此,伊本被迫移居西班牙。在西班牙格拉纳达,他得到了曾在非斯接济过的伊本·阿赫玛相助,却招致维齐大臣们的嫉恨,只得逃回非洲。接下来的十余年,伊本一直流离失所,甚至惨遭游牧部落劫掠,最后不得不在如今阿尔及利亚的一个部落寻求庇护,也因此有了潜心创作《历史绪论》的机会。伊本后来回到突尼斯任教,游历圣地。他在开罗成为伊斯兰教逊尼教派四大教法学派之马立克学派大法官。1406年,伊本在埃及辞世。适逢蒙古大军即将攻打大马士革,他在辞世之前曾与帖木儿对话。

---

① 即前文提及的阿拉伯人统治突尼斯时期。

伊本·赫勒敦是一名思想自由、眼光犀利的探险旅行者。完成伊斯兰教义学习后，伊本自学了历史与地理，从而避开了教条主义和空泛哲学，收获的是对现实的洞悉和宏观的视野。伊本所处的时代正是混乱的无政府状态：哈夫斯王朝对于北非的统治已经摇摇欲坠，甚至其根基伊弗里奇亚都受到了撼动。伊本亲历了反叛部落与王朝迭代间的明争暗斗，即便这是他游牧民族血液里的特性之一，但要谈及，仍过于繁复而难以表述。

我先读了伊本·赫勒敦的《历史绪论》，而后才接触霍布斯与孟德斯鸠的著作。我始终感恩于先读了那本书，因为有了伊本对于中世纪北非的观察，我才得以更好地理解后面两位哲学家的论述。事实上，当代政治理论越发隐晦生涩，而伊本·赫勒敦对于人类行为以及气候地理对人类的影响等观察清晰明确，表现出古典和启蒙时期论著的简明通透。在伊本的阐述中，游牧民族对舒适定居生活的追求内化成了城市繁盛的推动力，虽为强势王朝所攫取，但城市带来了稳定，城市的繁荣得以延续。然而有了皇室权威就必然有奢靡，腐败乘虚而入。团结一致的王朝从内部开始腐坏，个体忙于积聚财富与自身权威，朝廷政令的执行力大为减弱。由此，如同人有生老病死，朝代亦有兴衰更迭。

在伊本·赫勒敦笔下，奢华的生活方式最初虽然能靠强调国家权威的合法性来延续，但后来随着各个地方的统治者崛起，各自为政，中央权威（集权带来）的奢华生活就导致了王朝的衰颓。地方诸侯各自为政，律令废弛，劫掠四起，文明由此崩坏，饥荒接踵而至。他也提及"党派偏见"会阻碍批判性思维，还指出宗教领袖并非自称那般靠上帝的感召聚拢人心，靠的是主导"群体情绪"。

他告诉我们，无政府主义是贝都因人①不屈服的结果。利比亚与阿尔及利亚的贝都因人向来自认为比突尼斯强势。当我走进那里便发现，卡扎菲的无序暴政也好，胡瓦里·布迈丁的苏联式政权也好，其背后的深层原因皆在于利比亚与阿尔及利亚内部的分裂。《历史绪论》带给我的是从任何报纸杂志上都无法获悉的当代北非政治。

哈夫斯的巴铎王宫于17世纪由当地土耳其统治者重建。即便这是一座国家级博物馆，却仍具备精致宅邸的亲和、凌乱与不完美特性。屋顶年久失修，有一种罗马时期的粗犷美感。马赛克图案是罗马艺术的重要形式，象征着宇宙的秩序。王宫里令人眼花缭乱的马赛克让我产生了恍若行走在地毯上的错觉，其历史可追溯至3—4世纪，正是耶稣受难、基督教正盛的时期，也是血腥分裂的时期。纵欲的面孔，葡萄园缀满的葡萄，潜入的野兽……这些画面深深烙在我的脑海中。一袭白色托加长袍的维吉尔端坐于历史女神与悲剧女神之间②，摆着照相的姿势。画上的标签无法解读——并无主题。而我在往后多年的岁月中，渐渐明白了画中文明、王朝、异端前赴后继的来

---

① Bedouin，阿拉伯人的分支，属于闪含语系，以氏族部落形式在荒漠中游牧为生。
② 此处指的可能是藏于突尼斯巴尔杜国家博物馆的一幅公元3世纪的镶嵌画，画中古罗马杰出诗人维吉尔端坐在希腊神话中掌管历史的女神克利俄斯和悲剧女神墨尔波墨涅之间。

龙去脉。

较之于卢浮宫的展品，奥古斯都、维斯帕西安、图拉真、塞维鲁、奥勒留、维鲁斯等罗马君主的半身像给我留下了更为深刻的印象。午间祷告的钟声自拱廊传来，只身在此与遥远而傲慢的君主对视，我猛然体会到了罗马帝国的威严。这里是突尼斯，这里曾是罗马帝国发家而成为世界强国的地方，这便是我在迦太基地区期间亲历的第一个故事。

轻轨站以蓝白瓷片装点，"迦太基萨朗波""迦太基比尔萨""迦太基汉尼拔"的站名，一再激发了我的联想。我脑海中不断重复福楼拜《萨朗波》开篇的文字："这里是迈加拉，位于迦太基地区郊外，哈米尔卡花园……"其中迈加拉即为如今的拉玛莎，正是列车的终点站。

当我第一次去突尼斯及其北部郊区，见到泥路上不俗的白色别墅，仍能感受到《夜色温柔》中法国里维埃拉地区的气息。木槿与三角梅点亮了墙面，有"大自然数学符号"之称的柏树为四周增添了几分冬日气氛。土壤呈现出碎陶片的锈橙色。腓尼基的巴尔神居住在双角山，以君临天下的威严在地面上投下阴影。在迦太基萨朗波站下车后，我在海边漫步，乘兴想象着福楼拜笔下"方块"屋、"黄色斑点的"大理石宫殿、标志着腓尼基迦太基的"柏树大道"。

最初，这里只有柏柏尔人（Berber），这个词是希腊语中 barbaroi 的阿拉伯语变体形式，音为"Barbary"。希腊史学家希罗多德认为利比亚的土著居民同柏柏尔人其实一样。利比亚人这个称呼概括的是希腊人遇见的所有北非人。公元前1101年,第一个外国入侵者从地中海东部的腓尼基城邦泰尔而来,登上了北非海岸。腓尼基人从北部25英里(约合40.23千米)之外的尤蒂卡(Utica)上岸。而该词源自闪米特语atiqa的希腊语变体,意为"古老的"。彼时,泰尔的腓尼基人正处于同亚述人的苦苦鏖战中,亟须向西拓展基地,防御亚述人的攻击。公元前814年,第一届奥林匹克运动会举办的38年前,腓尼基人迁至南方,建立了"新城",在闪米特语中为"Kart Hadsha",而后被罗马人变体为迦太基(Carthago)。迦太基的落成驱散了地中海西部上空的史前迷雾:迦太基一度主导了地中海西部,直至千百年后,罗马人登场。

面对来自地中海东部富庶迁徙文明的威胁,柏柏尔人获得了关于自身民族特性的启发。柏柏尔人渐渐凝聚为定居群体,分为努米底亚和毛里塔尼亚(希腊语中意为"游牧人之地"与"摩尔人之地"),与迦太基持续抗衡。与之类似的情况是,黎凡特的阿拉伯人逐渐演变成"巴勒斯坦人""约旦人"等,同以色列这个高度发达的迁徙文明相抗衡。

迦太基的建成充满了传奇色彩。据维吉尔所言,泰尔的国王皮格马利翁觊觎大祭司西却斯的财富,而西却斯娶了他的胞妹伊莉莎公主。皮格马利翁谋杀西却斯后,西却斯的鬼魂出现在伊莉莎的梦中,提醒她在皮格马利翁动手掠财之前携财逃离泰尔。于是,伊莉莎带上80名贵族航行到了塞浦路斯,还在当地征召了80名处女作为享有尊崇待遇的高等圣妓。伊莉莎一行继续前往北非(或利比亚),正是那段时期,她获得了"狄多"的称号,即腓尼基语中的"漂泊者"。狄多在北非同柏柏尔人讨价还价,竭力以一张公牛皮所能摊开的面积争取土地最大化。她机智地将牛皮裁成细条,将易于防守的比尔萨海岬(Byrsa)环绕起来。这里还有个文字游戏——比尔萨(Byrsa)在希腊语中意为"兽皮",而布斯拉(Bosra)在腓尼基语中意为"要塞"。那天清晨,我向北沿着迦太基海岸徒步,比尔萨山就矗立在我左侧。

1000年的闪米特族文明便是从这里的海岸与草原兴起。迦太基的腓尼基人从地中海东部带来了葡萄和橄榄树的种植技术。而狄多作为迦太基的首位传奇人物,其生命的终结也甚为悲凉。惨遭爱人埃涅阿斯抛弃后,她选择了自杀,而埃涅阿斯选择离开她奢华的大理石香闺,继续为罗马大业踏上征程:

她连续捶三四次胸口
不断抓挠金色秀发
"噢,朱庇特,"
她苦苦追问,"这个男人会走吗,他是否已经厌弃了
我的王国?他自始至终都是一个陌生人吗?"

"不幸的狄多",维吉尔写道,"悲伤的狄多",她的爱被人傲慢地拒绝了。埃涅阿斯离开后,狄多带着钢刀奔至熊熊火堆中,结束了自己的生命,哀号与悲泣响彻整座宫殿。当然,

事实总不会如此戏剧化。新来的腓尼基移民与当地柏柏尔人之间的关系持续紧绷,与此同时,狄多以其美貌与智慧彻底俘获了柏柏尔酋长埃尔巴斯。埃尔巴斯对于狄多众多的追求者嫉恨不已,他宣称若狄多拒绝他的求婚,他将要屠尽所有腓尼基人。狄多选择以自杀保全了她新建的城。

随着地中海东部的泰尔以及其他腓尼基城邦式微,迦太基开始崛起。迦太基的探险家希米可和汉诺曾于公元前15世纪初远航至布列塔尼和西非。据希腊文学家普鲁塔克记载,迦太基人是"刻板而阴郁的民族,对于统治者绝对臣服,对于被统治者相当严苛"。迦太基人讲究衣着、发式、香水、珠宝、糕点、糖果,却对肉体不甚热衷。迦太基人没有游戏,也无运动员。同希腊神像不同,迦太基人所信奉的神祇都衣着整齐。通过普鲁塔克的夸张描述,可以看到:男人蓄须,头戴无檐帽,身着长袖衣衫,身形臃肿。腓尼基的主神巴尔在这里化身为巴尔·哈蒙,迦太基人既尊崇哈蒙,也尊崇其妻塔妮特。据说迦太基的塔妮特寺庙里以侏儒人皮作装点。《萨朗波》中的女主角便是塔妮特的女祭司,她让一条双眸比红宝石还要闪亮的黑色巨蟒盘踞于其胴体上。福楼拜为迦太基人解释如下:

蛇是这个民族的狂热崇拜和个人偏好。人们相信蛇生于泥土,因为它没有脚也可以钻入泥土深处。蛇行进的方式如同蜿蜒的河流,它的温度如同古老黏滞的沃土,它咬住自己尾巴所形成的圆如同宇宙行星的运转……

俘获迦太基人的正是这种顺应自然而又无关道德的信仰体系。迦太基人的神祇能唤起的骇人传闻是任何古典异教神所不及的，比如，为了平息神愠，迦太基人会将孩童投入火坑焚烧为祭。

陀斐特是迦太基以孩童祭祀的遗址，残留一片深红的碎瓷片，几处霉迹斑斑的石碑歪歪斜斜露出地面，碑上骨瘦如柴的孩童形象赫然在目。普鲁塔克和狄奥多罗斯都曾描述过迦太基孩童祭祀的场景。尽管陀斐特一词出现在《圣经·旧约》中，但没有人知道迦太基人是如何命名这个可怕场景的。人们曾在这里挖掘出4岁孩童的残骸。"他们缓缓上来"，福楼拜如此写道：

当烟尘漩涡般升起，从远处看，他们如同已经淹没在云层里，没有丝毫动弹。他们的手腕脚踝都被捆绑起来，灰暗的面罩则是为了让他们看不见，也不被认出来。

正是这样的迦太基人派遣战舰和商船，西至大西洋。黄金等贵金属都涌入迦太基，北非的沃土也盛产小麦和橄榄油。塔妮特寺庙里供满了金银财宝以及幼童的骨骸。公元前6世纪上半叶，新任巴比伦国王尼布甲尼撒攻陷泰尔城，大大削弱了迦太基的繁荣景象以及纵横地中海的权势。

迦太基无可回避地同靠近西西里岛的希腊城邦发生了冲突，这场冲突引发的战争规模可能大过迦太基与罗马之间的战争。迦太基与希腊之间的战争爆发于公元前410年，持续了一百余年，其间几无停火休战。即使站在古代来看，百年鏖战也十分残酷无情。一名迦太基将领为报祖父被杀之仇，不惜折磨并残害3000名战俘；西西里岛西部海面上的腓尼基莫特亚岛惨遭希腊人屠城，以示其对非洲内乱中柏柏尔反叛者的愤恨。

公元前310年，临近迦太基同希腊西西里岛百年战争的尾声，迦太基遭到入侵。位于西西里东部锡拉库萨的独裁者阿加托克利斯带领10.4万名精兵登上非洲大陆。他在城市周边驻扎了3年，其间占领了尤蒂卡，大肆掠夺迦太基的富庶人家。迦太基对此的反应则是以富人家的500名孩童作祭——这些家庭此前以奴隶之子代作祭品，由此迦太基人认为正是此举激怒了塔妮特，才有了此次阿加托克利斯的入侵作为报复。这一次终究没能让自家孩子侥幸豁免。

被迦太基所雇用的柏柏尔人击败后，阿加托克利斯退回锡拉库萨。尽管阿加托克利斯已经撤军，但是希腊文化仍在迦太基的大地上疯狂蔓延。迦太基的腓尼基人开始信奉丰收之神德墨忒尔和珀耳塞福涅，皇室结盟带动了种族间的通婚——罗马帝国未来的克星汉尼拔，其母正是希腊裔，而汉尼拔的大象军团则是沿袭自亚历山大大帝。

当迦太基深陷西西里争端之际，罗马也从另一个方向乘势入侵。公元前3世纪和公元前2世纪，西西里成为3次布匿战争的导火索，布匿在拉丁语中意为"腓尼基人"。3次布匿战争同第一次、第二次世界大战一样影响深远，足以改变历史进程以及世界权力格局。

第一次布匿战争(前264—前241)同第一次世界大战类似,起因都是微不足道的争端,但随着利益结盟而错综交织且愈演愈烈。一群意大利殖民者以罗马公民的名义向罗马和迦太基上书,恳请其帮助击退锡拉库萨的希腊人。而罗马与迦太基互相猜忌,忌怕对方以此名义占领整个西西里,双方战争由此爆发。一如美国卷入一战,这也是罗马首次在国境外投入战场,而且大获全胜,给了迦太基重重一击。不过此次全面获胜引发了第二次战争,如同第二次世界大战的爆发。第二次布匿战争(前219—前202),正是罗马史学家提图斯·李维在《汉尼拔战争》中所描述的主题。罗马对迦太基有所让步,汉尼拔得以征服西班牙与法国南部,并出其不意越过阿尔卑斯山进军意大利北部,彼时全面战争已是一触即发。正如希特勒在撤回德国之前肆虐苏联,汉尼拔在被逐回迦太基之前也肆虐了意大利,殊不知罗马将军大西庇阿正是在迦太基即如今的突尼斯西南100英里处将他彻底击溃。

总之,迦太基与罗马之间仍处于剑拔弩张的状态。古罗马政治家大加图①在元老院不断重申"必须毁灭迦太基"。第三次布匿战争(前149—前146年)中,罗马人将迦太基焚毁,以盐耕地②,迦太基由此成为古代的广岛。但与1945年8月

---

① 小加图为其曾孙,是罗马共和国末期政治家。
② 一说类似于祭祀下咒或完成毁灭城市的仪式,一说是为了使耕地盐碱化,从而摧毁庄稼地。

日本投降后美国主导世界秩序不同，彼时的罗马还未占据太多已知世界。

突尼斯便是罗马迫切建立的领地。腓尼基人的迦太基与利比亚已经消失，罗马人的非洲即将诞生。公元前 1 世纪中期，恺撒大帝认为最好废除原生的各个王国，罗马要繁盛，必须建立自己的殖民地，于是他开始重建迦太基。然而公元前 44 年，恺撒大帝被弑，随之而来的内战使得罗马四分五裂，迦太基重建计划也因此搁置。直到公元前 31 年，屋大维击败马克·安东尼和克利奥佩特拉后，才将众多将士派至非洲建设迦太基，并建立了约两百座城镇。突尼斯北部成为古代西方世界的粮仓与橄榄油中心，其橄榄油产量甚至超过意大利本土（至今依旧如此）。罗马人修建了大量的道路、桥梁、堤坝、灌溉系统。突尼斯之于古罗马，正如印度之于彼时的大不列颠王国，都是"皇冠上的宝石"。

腓尼基人的迦太基已被彻底毁灭，如今只残留碎石瓦砾，远处海岸上有一处大型罗马浴场遗址，我从中能一睹福楼拜 1858 年游历此处并萌生创作《萨朗波》灵感的场景。迦太基的重建始于哈德良皇帝时期，竣工于安东尼·庇护时期。公元 2 世纪他统治期间，罗马文明影响力臻于鼎盛。经过汪达尔人、拜占庭帝国尤其是阿拉伯人的入侵，加上两千年的风雨侵蚀，迦太基遗址已经面目全非。地面矗立着高耸的巨石，如同现代的抽象雕塑，其原始特征已经销蚀殆尽，仿佛再经一阵狂风洗礼，又会是另一番风貌，抑或是吐露出某些秘密。碎浪冲上了附近罗马体育场的大理石地面。穿过海湾，双角山在正午蒸腾的热浪之中浮沉，在我的视线中，正好被四周的科林斯石柱框住。这里如此夺目，残留物却又如此之少。如同米歇尔·泽拉法所言，迦太基是畅想之地，是太阳、海洋以及断壁残垣所构筑的联盟。

白袍神父博物馆坐落于比尔萨山，白袍神父是19世纪曾在这里开展考古活动的法国天主教传教士。在博物馆的庭院里，我看见一尊优雅的象征顺利的罗马女性雕像，据传闻，雕像缺失的头部是被汪达尔人的利剑砍下当作了战利品。这尊生了深黄与绿色霉菌的雕像伫立在一棵挺拔的柏树下，如同希腊神话中雅典娜自宙斯皇冠里诞生[①]。一棵地中海白松旁还立着一尊无头雕像，此外还有一尊立在冬青与密密匝匝的三角梅旁。在一排古代宽口瓶同科林斯式石柱之间，海面化作一片垛墙。

我闻到了咸湿空气润泽过的尘土与鲜花的气味。即便置身于一片拜占庭斑驳的十字架和白色大理石棺椁之中，那一刻的我却感到了前所未有的生机。迦太基与罗马的面具似乎发出了无声的呐喊。这个有所缺憾、杂乱无序的画面组合，却散发出私藏奇珍异宝的特质。这里如同摩尔式的查茨沃斯庄园[②]，点燃人们不断求索的热情，同时萌生将其占为己有的痴心妄想。

白袍神父博物馆后经修缮，空间更大，也更为现代化，成为如今的突尼斯国立迦太基博物馆。在此我初次接触汪达尔人

---

① 希腊神话中，雅典娜女神是从其父宙斯的头上诞生的。
② 英国典型的奢华庄园。

及其领袖盖塞里克,据英国历史学家爱德华·吉本[①]称,"在摧毁罗马帝国的丰功伟绩之中,(盖塞里克)可与阿拉里克和阿提拉比肩"[②]。汪达尔人来自西里西亚的条顿部落,于3世纪末南迁至潘诺尼亚,即如今的匈牙利,彼时的罗马为奥勒良统治。406年,或许是在西罗马最后一位伟大的军事指挥官斯提利科的鼓动下,汪达尔人西渡莱茵河,进入高卢地区。斯提利科利用汪达尔人打探其他蛮族的虚实。在高卢被法兰克人击退后,汪达尔人穿越了比利牛斯山。而后,近二十年间,汪达尔人同哥特人、苏维(如今的葡萄牙)人之间纷争不断。他们最终占领了西班牙南部的安达卢西亚地区,并于429年航行至非洲。那时,斯提利科已经辞世,带领汪达尔人渡过直布罗陀海峡的是他的庶出兄弟——盖塞里克。

据说,盖塞里克身材短小,因坠马而瘸了一条腿,说起话来语速很慢。但如同在几年后横扫罗马北部的匈奴人领袖阿提拉一样,盖塞里克有着深沉的勃勃野心,冷酷无情,杀伐果断,充满智慧而极富策略。如果说汪达尔人花了几十年从中欧来到摩洛哥的阿特拉斯山脉,那么盖塞里克单凭劫掠而来的8万名男女老少荡平北非,一路横扫至努米底亚的希坡地区(阿尔及利亚东部)只用了短短一年时间,海岸泊满了他的船队。10年后,盖塞里克于439年攻陷迦太基城,将

---

① 爱德华·吉本的代表作是《罗马帝国衰亡史》。
② 阿拉里克是西哥特人的领袖,阿提拉是匈奴人的领袖,二者都曾创下几乎颠覆罗马帝国的壮举。

其作为都城。盖塞里克建立的汪达尔王国最终延绵数千英里,远达北非的沃野之地,并覆盖了撒丁岛、科西嘉以及西班牙外海的巴利阿里群岛。盖塞里克作为蛮族首领,成为罗马帝国最大的威胁,甚至于455年举兵劫掠过罗马帝国。477年,盖塞里克在迦太基城的床榻上安详辞世。

盖塞里克在北非皈依了阿里乌教派,该教派最初由亚历山大大帝时期一位名叫阿里乌的僧人传出,宣称耶稣同上帝本质不同,挑战了耶稣的神性。如此一来,多神信仰再度潜入基督教世界。汪达尔人的许多肆虐行为是针对非阿里乌教徒的宗教迫害,但这还不是最残忍的暴行。最残暴的行为来自毫不妥协的清教徒多纳图教派:他们打着盖塞里克征伐的旗号,大肆屠杀北非的基督教徒。

汪达尔人之名Vandal丰富了我们的词汇[①],但实际上他们在北非的破坏并非大众所公认的那么大——我所见到的无头雕像虽然是其中之一。随之而来的拜占庭征服者也可以作证——汪达尔人只砍伐了一些橄榄树和葡萄藤。农业是这里的文明之基,而汪达尔人并未破坏摧毁这里的农业,而是起到了延续传承的作用。6世纪的希腊史学家普罗科匹厄斯曾描述汪达尔人对华服美食、沐浴汤池乃至"各式性享受"的狂热追崇。

腓尼基人在抵御沙漠部落的同时,在柏柏尔人的土地上开创了伟大的统治范式。正因如此,腓尼基人的迦太基城才能在

---

① Vandal一词在英文中意为"破坏公物者"。

文化上接受希腊文明的渗透，在军事上为罗马人覆灭，而罗马人的帝国存续又终将式微，并被汪达尔人所征服……迦太基这片海滩，令身处一个冷战及其霸权争夺好似无休无止时代的我们明白，任何帝国终将消亡。

诚然，历史长河中所有帝国都会消亡或是改头换面。不同的是，愈是奋力同帝国抗争的斗争，对历史的影响就愈深远。腓尼基人的成功，来自肆意殖民以及追求自身利益的坚定信念。同时，腓尼基人并不惧怕柏柏尔原住民。即便希腊人征服迦太基城未果，但希腊文明已经影响了迦太基。罗马人带着传播文明的使命东征西伐，长久以来雄霸世界，但当他们因为成就而耽于声色，那些文明程度不甚发达的蛮族终于窥见其虚弱而诱人的一面，并伺机攫取。

那天午后，我还拜访了迦太基的美国战争陵园。园内安葬的是在北非丧生的2841名美国将士的遗体。1942年11月，美军登陆摩洛哥，开始反击地中海地区的轴心国。沿着汪达尔人当年的路径，同盟国闪电般越过了北非。1943年2月，英美联军同德军的装甲部队在突尼斯沙漠展开坦克战。同年4月，盟军攻取突尼斯和迦太基，与古时情形如出一辙，二者都成为进攻西西里的据点。

不同于罗马人在寺庙和雕像上显现的睥睨天下和绝对权威，美国的战争纪念碑体现了某种贞洁和光明，仿佛每一次战斗的理由都是那么崇高而圣洁。草地修剪得整整齐齐，露台上摆放着优雅的天竺葵，地面铺设了碎石小径，灌木树篱也精心裁剪，塔门呈长方形，小小的白色墓碑排列整齐，弥漫着洁净无瑕的氛围。这里如同从华盛顿特区移植过来一样，但似乎更有分量。有那么一瞬间，我想起了家乡。同罗马人的建筑风格一样，这里的一切都有种精细加工的特质。这个罗马人的迦太基遗址，又是另一种引发艳羡的伟大文明。

那晚，我们花了3枚突尼斯第纳尔币坐了一趟双轮马车，已属奢侈享受。从墓园出来，我们坐上轻轨电车向北到达西迪布济德乡村，花8个第纳尔币住进酋长故居，那是整个冬季我们唯一一次享受到暖气。黄昏时分，我们拾级而上，来到村子里的纳特咖啡馆品松子茶。室内的天花板上装点了彩色的琉璃镜面和蓝色的彩陶工艺品。翌日早晨，在屋外的花园内，我看到粉红的夹竹桃、橘子树、木槿、三角梅以及一棵孑然而立的巨大柏树。我还记得一个男人带着扫帚过来清扫落花之时，那里有一只目光柔和的猫。

MEDITERRANEAN ENCOUNTER

三

朱古达之桌

那个冬天里的巴士之旅已经在记忆中模糊不清，而我的日记对每次旅程的细节只记了寥寥几句，作用不大。但是每趟旅途的共性深刻于我心：突尼斯北部经过开垦的深红色大草原、突尼斯南部大块盐碱化的粉色荒漠；刺骨之风肆虐、傍晚光线如同博物馆般昏暗的内陆高原；破晓之时，身着卡夫坦长袍如同幽灵的其他旅人，他们放下长袖盖住手臂，散发出香烟的气味，传来几声沉重的咳嗽；日出之后，巴士停靠在只坐满一半的咖啡馆旁，飘出茶、新鲜面包、浓厚奶酪的味道，馆内播放着聒噪的音乐，墙壁斑驳，威士忌酒杯里只装了三分之一杯苦涩的意式浓咖啡；刚煮熟的鸡蛋可以为我的双手取暖，要么是从咖啡馆买的，要么是与我分享过葵花籽的某个友善乘客送的。

闲下来的时间我都用来学阿拉伯语，随手记下一些新学的词语：Gourbis，土屋；Ksars，柏柏尔人的要塞；Malafahs，突尼斯贝都因女人的头巾（以银针别系）；Aid el Kebir，祭祀盛典（以纪念亚伯拉罕和艾萨克，恰巧是那年的12月15日）。

迦太基在第一次布匿战争中落败的情景，如同一战后的德国，陷入了本土的无政府状态。德国军队撤回一贫如洗的祖国，组织了激进的工人运动,纳粹党即从中诞生。而在彼时的迦太基,柏柏尔雇佣兵从西西里战场回去后发现,迦太基因战败赔款而无法偿付他们的报酬。迦太基最后只象征性地付给柏柏尔雇佣兵及其家属每人一枚金币,就此打发其到迦太基西部100英里外的西卡城(今突尼斯西北部的卡夫镇),只告知他们在那里等待结算。然而报酬迟迟不到位,雇佣兵们便向迦太基发起了进攻。此举引发了公元前241年至公元前238年的雇佣兵之战,也正是福楼拜小说《萨朗波》的背景故事。

由于迦太基面临的是一个民族的暴动,所以惯常战争的做法被摒弃。双方都十分明白,战败方必定会被彻底摧毁。雇佣兵俘虏的迦太基人皆遭残忍肢解后被焚化,而迦太基人俘获的雇佣兵也惨遭大象踩踏而死。结束这场战争的是一支叛逃的努米底亚人,他们加入了迦太基人阵营,使得后者能够消灭残余的雇佣兵团。

向西靠近西卡城的道路穿过以刺梨为界的连片橄榄树园。就在附近某处,雇佣兵们见到一排十字架,顿时倒吸了一口凉气,因为当地农户将狮子钉在十字架上,以吓退其他野兽。行进7日后,他们眼前的景致越来越干燥,绿意渐渐消失殆尽,他们距离都城已经越来越远了。

沿途一路均竖立军事界碑,行驶几个小时后,我来到泰伯索克镇,距离西卡城还有一半路程。泰伯索克镇位于贫瘠的山坡上,是个破败没落的小镇,街巷泥泞。男人身着汗涔涔的褐色卡夫坦长袍,女人还文着部落的图腾。从泰伯索克徒步3公里至杜加的罗马遗址，我已记不得用了多长时间，但记得绿谷地之上的焦糖色山脊一直浮现在眼前。来到遗址之处，我看见一个盘腿骑驴的男人，他身着卡夫坦长袍和白布，如同中世纪风景画里走出来的人物。

大片遗址坐落在一处偏僻而瘆人的山坡上，方圆几里只有野狗乱吠和羊铃当啷的声响。一个头戴贝雷帽、身披军大衣的牧羊人向我要了一支烟。在如此与世隔绝的地方，他犹如一个幽灵。他的羊群在庙宇、广场、浴场间游走，一路晃荡着身上的铃铛，如同行进在时光中的军队，直至消失于塞提缪斯①凯旋门下方。太阳在阴郁的云层中时隐时现，遗迹也随之变幻为明暗深浅不同的赭色。石柱、山墙、浮雕都如同经过窑制烘烤，十分柔顺平滑。在密涅瓦神庙里向下望，罗马剧场仿佛悬于过去雇佣兵穿行而过、水汽蒸腾、橄榄树成群的绿谷之上。

遗迹上铭文以柏柏尔语、腓尼基语、希腊语、拉丁语记载，缅怀了一个延续了千年的世界文明。据历史学家狄奥多罗斯记载，公元前4世纪末，杜加（Dougga，古称Thugga）已经是一座"粗具规模"的柏柏尔城市。公元前2世纪末，杜加成为努米底亚马西尼萨国王的官邸。彼时杜加的臣民既有柏柏尔人，也有迦太基人。而后，一座雄伟的罗马城建立于此，居民中又增添了拉丁移民，杜加一度繁荣至4世纪。

罗马征服非洲分为几个阶段。首先，公元前202年，大西

---

① Septimius Severus, 古罗马首位出生于非洲大陆的帝王。

庇阿在杜加附近的大草原击败汉尼拔,开挖界渠,由此划分了迦太基的疆域。那条界渠在部分地区至今依然可见:始于地中海的港口塔巴尔卡(接近突尼斯和阿尔及利亚西面疆界),向南延伸至沙漠,接着向东转回地中海的斯法克斯。罗马毁灭迦太基之后,恺撒大帝开始向界渠外扩张罗马的势力,界渠内的领地称作"旧非洲"(Africa Vetus),而界渠外的则称作"新非洲"(Africa Nova)。罗马将新非洲交给努米底亚管理,但很快发现其并不得力,于是收回集中管理。由此,新旧非洲合称非洲地区(Africa Proconsularis)。

罗马的殖民进程可以通过其修建的道路网络和排水管道窥见一斑,从今天摩洛哥的瓦卢比利斯到利比亚的大莱普提斯,连接了六百多座城市,其规模可同英国计划连接印度次大陆的公共建设相比拟。其中有约两百座城市集中于突尼斯北部 1/3 的地方,成为北非最富饶的地区。吉本写道:"狭长的非洲海岸上罗马艺术及富丽堂皇的建筑遗迹星罗棋布,各自不同程度的改进可以通过它们离迦太基的距离加以精确度量……"

越靠近迦太基城的地方,其发展规划就越好。在游牧业式微后,罗马人以水利项目开辟了新的农耕土地。伊本·赫勒敦认为,从游牧转变为定居是兴建城市乃至国家的第一步。如今,突尼斯北部成为人口密集之地,这一成果得益于两千多年前的罗马人。迦太基时代雇佣兵曾穿行的开阔牧地,到了罗马占领的鼎盛期,已形成各自相隔 6 英里的带状城镇。

现代突尼斯是罗马时期的产物。其井井有条的规划、畅通的路网是在罗马的原始基础上建设而来。国内的巴士出行很安全。突尼斯是罕见的不产石油的阿拉伯国家，仍有中产阶级，居民热议的话题多是开销和食品津贴。突尼斯有民族文化，而非各部落文化的集合。

突尼斯突入地中海中部，接近西西里岛。它作为北非的中心，并非只是在迦太基和罗马时代如此，在汪达尔、拜占庭、阿拉伯、土耳其时代亦是如此。19世纪50年代，侯赛因王朝是阿拉伯世界第一个废除奴隶制度并制定宪法的王朝。不同于阿尔及利亚，突尼斯于1956年几乎不费一兵一卒便脱离法国开始独立。而后数十年间，突尼斯总统哈比卜·布尔吉巴鉴于当时的国家建筑已经深深烙上古典遗迹的风格，并不挥霍财力大兴土木，而是将之投入到乡村妇女扫盲、节育和小学教育上。

与突尼斯截然不同的是，阿尔及利亚和利比亚在19世纪殖民者出现前，并无国家形态的历史经验，所以19世纪之前它们还只是模糊的地理术语，并非国家称谓。阿尔及利亚东北部的古城塔加斯特与东部城市希坡一样，唯迦太基马首是瞻，正如阿尔及利亚西部的城市以摩洛哥的柏柏尔王朝为主导。同样由迦太基主导的还有利比亚西部的城市，诸如靠近现代首都的黎波里的大莱普提斯以及塞卜拉泰，而利比亚东部的城镇则向亚历山大港口和尼罗河靠拢。同摩洛哥、埃及一样，突尼斯成为古老文明的聚集地，并不需要其他意识形态来动员民众或维持秩序。

就在那个冬天，我了解到，历史起始点的形成极富戏剧性，任何时间、任何地点都可能有偶然出现。如今突尼斯的尴尬境遇的确源自历史原因。正如努米底亚半游牧民族一直威胁着迦太基和定居非洲的罗马农民,来自阿尔及利亚和利比亚的激进民族主义渗透也威胁着当下的突尼斯。

大西庇阿的界渠仍存在于现实世界。自泰伯索克镇向西到西卡镇,从巴士车窗向外望,我看到陡峭山峰构成的棕色场景,绿植已经减退为淡淡的残株。越过古罗马界渠,在突尼斯西南部的偏远地区,我见到了一些贫困的传统城镇,公交车站并未张贴时刻表,咖啡馆里满是游手好闲之人,由此看来,失业为普遍现象。突尼斯西南部更接近北非,并无太多南欧风情。为了联通偏远的西部和南部,政府特地在界渠以外的区域修建道路,架设电话线,兴修其他基础设施。后来,在一次拜访面谈中,突尼斯文化部部长赫玛希告诉我:"古罗马时期可以忽视周边地区,但如今,我们必须考虑罗马界渠外国界内其他区域的发展。"

作为迦太基以异教神庙闻名的城镇,在西卡城狎妓并不难。福楼拜写道,在雇佣兵最后一天的行军中,"他们突然右转,白岩上方的城墙映入眼帘……一座城镇出现,蓝的、黄的、白的面纱在墙头舞动,在暗红的夜里忽明忽暗。这便是塔妮特的女祭司们奔来迎接男人们了"。罗马人将这座神庙献给维纳斯,由此西卡的全称才成了"西卡维纳利亚"。而阿拉伯人则直白地称之为"卡夫",取自岩石之意,因为其建在夸张的悬崖上的房屋危如累卵。

迦太基、罗马和拜占庭都曾在断崖处修建堡垒，在此之上，有一座土耳其城堡作为壁垒。山脉层峦交叠，同时又如被劲风刮去了衣裳一般光秃荒凉，深入阿尔及利亚的景色由此可见。冬日黄昏被笼罩在悲凉的黑暗之中。我能远远看到庞大的"朱古达之桌"，向西南延绵45英里（约合72.42千米）至阿尔及利亚的边界。其山壁极其陡峭，山顶却很平坦，如同人工打造。这是一块以努米底亚国王命名的台地。前112年—前105年，朱古达国王曾利用此地势同罗马人抗衡。从没有拉丁语系的民族征服过这片偏远之地，同其他强权一样，罗马人在此也无功而返。

伟大的古典著作《朱古达战争》对这次战争曾有详述。该书作者是古罗马作家撒路斯提乌斯，曾供职于末期的罗马共和国。继罗马征服努米底亚后，撒路斯提乌斯受恺撒大帝委派出任新非洲的第一任总督，这是效忠恺撒并助其排除异己庞贝的奖赏，也正是总督的任职让他得以搜寻这场发生在七十多年前的战争的史料。我认为其作品好读，文风简约雅致，不同于我在大学时期被迫硬啃的晦涩的学术作品。

撒路斯提乌斯以努米底亚国王马西尼萨开篇，他是历史上第一个有文字记载的柏柏尔大人物，也是将杜加作为官邸的人。在布匿战争即将结束之时，大西庇阿正处于同汉尼拔一决胜负的关键时刻。此时，年轻的马西尼萨应罗马之邀，一致抵抗迦太基人，由此也取消了同一位美丽的迦太基公主的婚约。就这样，马西尼萨开始了长久而成功的事业，当上努米底亚国王，同罗马结盟。而迦太基那位名叫索弗妮斯芭的公主服毒自尽了。马西尼萨离世后，其子米基普萨继位。米基普萨膝下有二子，此外宫中还有一个男人——米基普萨那病逝的同胞兄弟的庶子朱古达。

朱古达虽是庶出，但较之两位王子，体魄更强壮，相貌更俊朗，天资更聪颖。由于害怕朱古达对继承权产生威胁，米基普萨将其派至西班牙，同罗马军队同生共死，并希望他就此葬身战场。未料到的是，朱古达却以出色坚毅的战士姿态归来。

米基普萨离世后，朱古达谋杀了其子希延普萨尔。另一位王子阿多赫巴尔则逃窜至罗马，以恳请帮其抵抗篡位的朱古达。但机智的朱古达已经买通了罗马的重要官员。罗马最后的裁定是将努米底亚富庶的西部交给朱古达，阿多赫巴尔只得到了较为贫瘠的东部。若非朱古达在急于夺取东努米底亚之时杀害了一些意大利商人，便不会引发罗马众怒，也不会迫使元老院宣战。

罗马远征军被努米底亚的石林和灌木削弱了战斗力。朱古达在罗马军队必经之路上焚烧草堆，污染水源，在附近的山上布置包围圈，同时买通罗马军队指挥官要求停战。撒路斯提乌斯写道，"诡计多端的朱古达对地形十分熟悉，战斗经验丰富，无人知晓他的行踪，亦无人摸清他求和与威吓的虚实"。公元前110年，朱古达迫使罗马军队投降。但罗马并不认输，增派了新的指挥官马略出征。马略在军队的晋升仰仗于西班牙战场，不过朱古达的游击战术仍让他陷入困境。然而马略并未放弃。

他先是率军沿路掠夺玉米等物资，而后又凭借沙漠中的隐蔽小道匆匆行军，对沿途努米底亚的城镇一律焚烧掠夺。由此，马略成功游说毛里塔尼亚国王博库斯加入罗马阵营。公元前105年，博库斯邀请朱古达参加和平谈判，朱古达就此中招，被博库斯移交罗马，来年即处以死刑。

战争行将结束之际，根据撒路斯提乌斯的记叙，朱古达"失去了所有朋友，其中大多数都被他亲手处死，小部分在惊惧之中向罗马人或是博库斯国王乞求庇护"。朱古达"每天调换军官，朝令夕改，起先主动出击，渴求胜利，而后又退回沙漠，以求自保……他对手下将士臣民忠诚与勇气的信心不足"。这是一场互相猜忌的谍战，将军对士兵的猜忌惧怕程度不亚于对敌人的恐惧。朱古达每天夜里都要更换藏身之处，且主意多变，有时又迟疑不决。近年来，我从诺列加、萨达姆、本·拉登等挑战美国霸权者的身上看到了朱古达的特质。朱古达不应因为罗马的政策愚钝、政党内斗、统治衰弱而误以为即便在利益受到威胁之时罗马也不会出兵。

数十年过去了，我再度踏上突尼斯，爬上"朱古达之桌"的半山腰。那正是夜幕即将降临的新年前夜，我孤身一人。"朱古达之桌"成为我在突尼斯待过的最寒冷且最具敌意的地方。从台地上眺望苔原般的平原，边界上只有一座令人生畏的村落。天空呈现出深灰的底色，周围都是深棕色的洼地，形似尖刀。眼前的场景完全是不折不扣的极简画风。疾风仿佛要把我切开，似乎要刮除地面上的一切，唯留历史。

初到卡夫,我曾顺着土耳其城堡的壁垒下坡进城。也是同一天,劲风肆虐,还是冬天常有的景象。桉树在风中摇晃,其中一根大枝干被折断,砸坏了一辆小车。我躲在一家餐厅里,墙上毫无陈设,吃了一份快餐[①],喝了一杯可乐,手指沾满了橄榄油。离开餐厅走上街,外面已经开始下雨。脚下的石路变得湿滑,好几次我都差点摔倒,只好顺势走进附近一间拜占庭的小教堂避雨。教堂内除了半圆形的壁龛上有一个老旧的宽口罐外,空无一物。

雨停了,我便如同出壳的寄居蟹一样重新融入外面的世界。附近有座清真寺,但十字形的设计显现出它在拜占庭和阿拉伯人入侵之前或许是座教堂。几个以深红头巾、部落银饰装点的妇人正在某个伊斯兰圣人的祭祷室里焚香煮茶,她们的孩子在破旧的席上玩耍。我尝试用蹩脚的阿拉伯语同她们交谈,她们只是微笑不语。整个空间充斥着明显的异教氛围,我感觉自己置身于玄幻的房间,异教、基督教、伊斯兰教的灵魂在上空盘旋,历史古迹与柏柏尔部落都融合在一神教里。这是祭奠圣奥古斯丁的场所,作为一名柏柏尔人,圣奥古斯丁出生于354年的塔加斯特(今天的苏格艾赫拉斯),位于距离这里一小时车程的阿尔及利亚西部。其哲学思想融合了罗马的异教以及早期的基督教,通过体验而非纯粹的阅读才能得知。

当圣奥古斯丁写"某个年份"和"回忆的空间画面"时,

[①] 见第二章,法式快餐,内含橄榄油。

他不再遵从自己的感官。北非的山脉和大草原滋养了他的心性，也给了他不屈从的锐气；严峻的地貌在他眼中象征着上帝永恒的朴素；在一次冒着暴风雨前往意大利的旅途中，他发现海洋意味着混乱。他的哲学清香扑鼻，充满了生机和活力，会萦绕你心头。他将基督教归于柏拉图和西塞罗的哲理，其哲学也全由这片艰苦有限的地理环境所滋养。

圣奥古斯丁是一名缺乏耐性的智者、一名搜寻者，以及一名诗歌涉猎者。他最喜爱的诗歌是维吉尔的《埃涅阿斯纪》。17岁的奥古斯丁来到迦太基，同街巷的恶棍混日子，身边还拉扯着一个计划之外的亲生儿子。在迦太基及随后的罗马和米兰，奥古斯丁的异教信仰先转为摩尼教，后又转为基督教，其思想观念也随之转换，如同当代一些西方知识分子会从马克思主义游离到自由主义，而后又游移到新保守主义。奥古斯丁对于深夜激论的"趣味性"和"异见"热衷不已，他将与挚友的高谈阔论形容为如同"独立的零星火花"汇入"一阵熊熊火焰，不再是零散的灵魂，而是一个整体"。

年少时四海为家以及4—5世纪短暂涉足肆虐罗马非洲边境血腥分裂的经历，令奥古斯丁感受到圣人与罪人之间界限之模糊，远超我们想象：一个人可能在其某个人生阶段是罪人，但到下个阶段又可能成为圣人（就如他一样），两种人都为社会所需，人既要承受无理的部落文化，又要接受开明的思想观念。奥古斯丁作为社会观察者，其思想深度让众多神学家羞报。有时，他对于人类及人类冲突的描述不同于基督徒，更接近伊本·赫勒敦。410年，西哥特领袖阿拉里克重创罗马，奥古斯丁从中悟到：社会应植根于艰辛的社会妥协，而非绝对正义的理论，市民生活更适宜"宽恕罪行，而非严苛道德"。基于此，奥古斯丁便创作了《上帝之城》。

奥古斯丁认为亚当吃下禁果的原罪情有可原——为了存续他和夏娃的伴侣关系，寻求他人的爱会让我们远离上帝的爱。正如奥古斯丁所言，诸如两人相爱的共同热爱之事是建立健全统治的基础。他的哲思同样有助于我们理解罗丹的艺术——人类堕落之后，世俗世界的苦痛冲突在所难免。

奥古斯丁对于人类矛盾冲突的见解，大多源自他本人与基督教各类异端流派的激烈争论，后者一度甚嚣尘上，直到后来在伊斯兰教派的重压下被扼杀殆尽。贫瘠而纯净的大地亦有激发热忱的特质。3世纪末，一名卡夫的异教激进信徒兼修辞学教师阿诺比乌斯改信基督教，并由此成为一名言辞激烈抨击异教的演说家。

在北非，基督教是穷人的宗教，最早扎根于城市，而后在乡间散播开来。正因为当时信奉者多是未受教育的平民，所以沿袭了许多已经为之取代的异教迷信。比如，迦太基之神巴尔·哈蒙展现出来的复仇膜拜仪式；又如，奥古斯丁所抨击的多纳图教派——擅长鼓动暴民的多纳图教派之父出没于卡夫南面沙漠的荒废盐湖，俘获民心。303—305年，罗马皇帝戴克里先下令进行宗教审判，多纳图教派就此抬头，而短短8年后，君士坦丁大帝一纸令下，基督教成为罗马国教。在数十年的弱

古希腊神话：奥德修斯向桅杆猛撞过去，好让自己免受塞壬海妖优美动听的歌声的引诱；这些迷人的歌声将要带给水手的是血淋淋的死亡

《萨朗波》插图，1931年，皮埃尔·诺埃尔（Pierre Noel）绘，巴黎的法国国家图书馆藏。《萨朗波》为法国作家福楼拜（Gustave Flaubert, 1821—1880）作品，讲述公元前3世纪迦太基的故事

绘画:第二次布匿战争,汉尼拔率领军队从西班牙翻越比利牛斯山和阿尔卑斯山,进入意大利北部。汉尼拔(Hannibal,约前247—前183或前182),北非古国迦太基军事家

刻有战象图案的硬币,于第二次布匿战争时期铸造。前218年,第二次布匿战争(前218—前202)爆发后,迦太基统帅汉尼拔率步骑兵约6万人、战象数十头入侵古罗马。第二次布匿战争是古罗马和迦太基之间三次布匿战争中最长也最有名的一场战争,作战历时16年

公元前9世纪:腓尼基石刻铭文,撒丁岛出土,藏于意大利卡利亚里市(Cagliari)考古博物馆

约1480—1495,《恺撒凯旋图》,文艺复兴时期意大利画家安德列阿·曼帖那(Andrea Mantegna, 1431—1506)绘。意大利布雷拉美术馆藏。描绘率兵征战亚非欧三大陆的古罗马帝王恺撒大帝凯旋的场景

普卢塔克(Plutarch, 50—120),希腊历史学家、传记家、散文家。著有《希腊罗马英雄传》

尤利乌斯·恺撒（Gaius Julius Caesar the Great，前100—前44），恺撒大帝，罗马帝国的创立者之一，罗马共和国末期杰出的军事统帅、政治家

《在凯鲁万门前》(Davanti Alle Porte di Kairouan),1914年,水彩,20.7厘米×31.5厘米,瑞士画家保罗·克利(Paul Klee,1879—1940),瑞士伯恩艺术馆克利基金会藏。凯鲁万(Kairouan),建于670年,在9世纪阿夫拉比德王国的统治下达到繁荣,12世纪成为突尼斯的政治首都。凯鲁万保留了马格里布地区圣城的风貌,它丰富的建筑遗产包括用大理石和斑岩做柱的大清真寺和9世纪的三门清真寺。凯鲁万被列为世界遗产

以身殉国的小加图(前95—前46年),古罗马元老院贵族党领袖

圣·奥古斯丁的愿景,1502年,维托里·卡帕齐奥(Vittore Carpaccio, 1466—1525,意大利)油画,141×210厘米,威尼斯圣乔治教堂

5世纪,维吉尔的埃涅阿斯纪插图

修昔底德（Thucydides，前460—前395），雅典将领，战争的记录和评述者

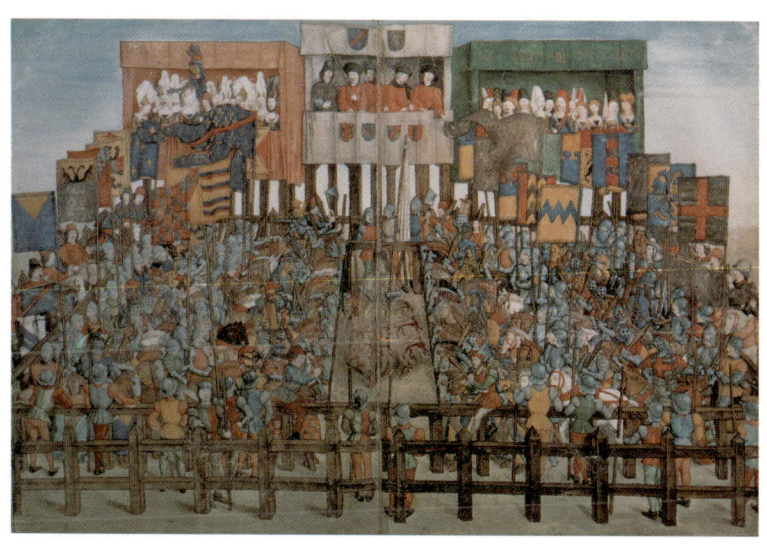

绘画：十字军东征

蒙雷阿莱大教堂位于蒙雷阿莱（意大利语 Monreale，西西里语 Murriali，意为王室山）小镇上，它巧妙糅合了诺曼式和阿拉伯式风格，是世界上现存最大的诺曼式建筑，也是诺曼式艺术的巅峰之作。教堂内部由金黄闪耀美轮美奂的镶嵌工艺覆盖，各种宝石闪耀着光辉。正殿的大型耶稣像更是气势磅礴，雕刻精美的门框中的青铜大门是用42幅来自《圣经》的情景装饰而成势政权后，戴克里先首先恢复了北非的统治权威，同时增兵扩充了罗马的前线军队。多纳图教派是民间对罗马统治的响应，其教义包括只有人格完整的传教士才有资格为上帝代言进行弥撒，这一点就违背了基督教传统的圣洁性。多纳图教派不相信人性，尤其不信任传教士，因为在大审判期间，多纳图教徒们见证了太多优秀的基督教传教士迫于压力的屈服。多纳图教派还一度宣称获得了半个北非的基督徒支持。他们认为在进行圣物买卖且显现过神迹的部分庙宇中膜拜戴克里先时期的殉道者是激进的行为，对背叛基督教的殉道者恨之入骨。多纳图教徒在迦太基组织了反抗罗马军队镇压的暴动，同时趁汪达尔人入侵之机加害正统基督教徒。不过，在奥古斯丁眼中，即便在温和手段无效，决定采取以暴制暴的情况下，他对多纳图教派的部分思想家仍心存敬意。

　　430年，奥古斯丁辞世，享年76岁，适逢盖塞里克统治下的汪达尔人对非洲攻势最为猛烈之时。奥古斯丁的离世连同476年西罗马帝国的灭亡，都被视为中世纪的开端。

　　东罗马帝国定都君士坦丁堡，在其兴盛不久，非洲大陆的几任汪达尔人统治者与之相安共存了一段时期。6世纪初，拜占庭的查士丁尼利用盖塞里克继位者们在迦太基争权夺位的机会，一举入侵江达尔人统治下的非洲地区。之后，拜占庭遥遥掌控了非洲的政治与经济大权，在卡夫等地着手修复罗马时期的堡垒，以此抵挡日益壮大的无政府部落。与此同时，多纳图教派在边地继续繁荣的光景，直至7世纪被穆罕默德的军队彻底剿灭。

我由卡夫循着"旧非洲"的前沿地带，走进大西庇阿界渠两侧的城邦遗迹。到了该处，深觉人文和自然环境都显得更为严峻，一如其古代的风貌。布拉雷吉亚位于卡夫北部50英里（约合80.47千米）处，属于红色石灰岩遍布的山区。我的向导头戴破旧的滑雪棉帽，身着旧斗篷，领着我疾步踏上一条3—4世纪罗马时代修建的石板路，前往无名之地。下了几个台阶后，一道大门嘎吱打开，我们由此进入一条地下大理石柱廊。布拉雷吉亚意为贵族之地，指代早于罗马人的努米底亚诸王，这里夏季酷热，冬季湿寒，罗马殖民者便将行宫建于地表之下。这座特别的宅邸内铺设了马赛克地板，粉色的马赛克纹样同烟灰的背景不甚协调。奥古斯丁曾对其感官效果和物质化倾向表达不满。昨夜的雨水没过部分马赛克地面，形成了水洼。我的向导拾起一块脏兮兮的海绵，将其投入浑浊的水中，开始擦拭维纳斯脸上的泥土，无人不晓的脸庞渐渐浮现，丘比特则欣赏着镜中的她。

在耶稣时代，罗马便在契姆图开采大理石，距离布拉雷吉亚并不远。契姆图的大理石继特级斑岩后成为罗马帝国最昂贵的石材，向西最远出口到伊比利亚半岛，向东最远运至中亚，每块石料上都雕刻有帝王的印章。在阿拉伯人入侵之前的7个世纪中，契姆图的矿山始终保持着数千名奴隶劳作的状态。如今这里已荒废。风势过于猛烈，我只得返回小屋，屋内的守卫正在沏茶。

我享受着糟糕的天气。如同小火煨茶散发出来的薄荷清香，给人一种亲近之感。旅店房内没有暖气，墙上空无一物，我钻进粗糙的毯子和睡袋里。此时，我开始怀念那威士忌杯装的咖啡，以及晨间那枚水煮蛋和热茶。天气暖和的话，游客会更多一些，而我只想独守过去。

玛克塔和扎玛坐落在卡夫南面惨白的石灰岩高地上以及深色谷地中。

早在迦太基时期，玛克塔的广场街巷就已经熙熙攘攘，而今却门可罗雀，罗马帝王刀疤纵横的头像、残破的石柱、翼状的塌墙残部，广场上的灰色石板路和上方无垠的同色天空相映衬。就在那个冬季，我戒掉了使用照相机的习惯。如此可以逼自己更用力地记录细节，而摄影显得被动简单化。照片让回忆变得过分简单，会使人们忽略其背后以及周边的景致。

202 年，大西庇阿和汉尼拔之间的第二次布匿战争终结于扎玛城，而一个世纪后，朱古达发动民众反抗罗马人的地点也正是扎玛。他很快便率军抵达卡夫，从背面袭击罗马人。扎玛是突尼斯中北部的战略要塞，向下俯视着一片如同坚硬大理石般的冷峻高原。如此海拔下，若阳光明媚，尤其雨后，牧民和牛羊都将显露出荷马神话里的原始气息。红棕色的巴巴里羊的叫声如同祈祷声一般穿透稀薄的空气。穿过罗马和拜占庭的崎岖地带，再往前就没什么景致了，并无指示牌，亦无公共设施，唯有一条糟糕的道路。

斯贝特拉，罗马人和拜占庭人所称的斯非图拉，地处非洲大陆的边缘地带，距离卡夫70英里（约合112.65千米）。我记得，那里的巴士站泥渍斑斑，男人蓄着络腮胡，双眼在卡夫坦长袍的头套里躲闪，带有文身的手指间悬夹香烟，就坐在站台咖啡馆破旧的椅子上。在风尘仆仆之中，我看到一些小男孩将格子头巾横绕脸上防尘，10年后，加沙走廊和约旦河西岸暴动的巴勒斯坦人让这种头巾闻名于世。斯贝特拉附近的大草原坡度缓缓降低，直至进入沙漠地带，再往南就是撒哈拉了。1942年，巴顿将军的坦克部队和隆美尔的非洲军团首次交战就是在这里；也是在这里，拜占庭最后一次抵御阿拉伯入侵者，罗马在非洲的统治也在此终结。

1975—1977年的冬天，斯贝特拉尚未扩张到今天的规模。彼时，多石的原野上只坐落着一座罗马拜占庭遗址，从城区需走上1英里（约合1.61千米）才能到达。这里占据有利地势长达1500年，拜占庭时期的教堂看上去和罗马时期的异教神庙有所区别，但二者都属于古典文明，与中世纪取而代之的伊斯兰教亦不尽相同。

641年，先知穆罕默德辞世不到10年，阿拉伯人征服了埃及。642年，他们又征服了位于今天利比亚东部的昔兰尼加。643年，阿拉伯人肆虐利比亚西部的大莱普提斯以及塞卜拉泰。拜占庭的官员格列高利明白，下一个目标会是迦太基，但苦于无处求援，最后只好向柏柏尔族首领求助。647年，格列高利将非洲地区的都城从迦太基迁至西南部160英里（约合257.50千米）的斯贝特拉。斯贝特拉作为一座罗马城邦，被环绕四周的橄榄树所荫蔽。同区域的其他罗马城邦衰落很久以后，斯贝特拉繁荣如旧。阿拉伯军队苦苦围困斯贝特拉城数月之久，直到格列高利军队逃离。格列高利最终战死沙场，同其并肩作战的女儿，不愿遭敌军劫掳回埃及而选择了自杀。自此，大约在1800年前，腓尼基人登上尤蒂卡，突尼斯受到海洋文明的统辖，而后又被来自沙漠的强权所征服。罗马-拜占庭的非洲地区成了一个新的阿拉伯-穆斯林的非洲。

四

保罗·克利的

伊斯兰印象

12月迟缓流淌,我们继续向南走进沙漠。沙尘和跳蚤不断随劲风涌入冷冰冰的房间。加夫沙位于斯贝特拉南部70英里(约合112.65千米)处。公元前107年,在马略的指挥下,连续行军3个夜晚的罗马人出其不意击溃了朱古达的军队。眼前这座城市全然一副煤粉砖建筑的模样,荒芜景象同其他古代遗址并无不同。四周布满了俗名为海发草的芦苇枯秆,褪色的阴郁山坡仿佛遭受了原始锯齿的啃噬。1912年1月,苏格兰旅行家诺曼·道格拉斯在加夫沙旅行途中写道:"足以剥落犀牛皮毛的风暴肆虐着。"道格拉斯建议冬季造访定要带上"极地寒服",我们确实没带。只要衣物未湿,我们都和衣而睡。

不过也有温暖和煦的日子,空中不再布满沙尘。我还记得橙红的山脉闪闪发亮,加夫沙向西南延伸的绿洲中有成片的椰枣林。椰枣的开垦种植源自公元前3000年的古埃及人,首位描写这里的古典作家兼希腊埃及历史学家托勒密曾提及此事。有些场景仍历历在目,骆驼过马路时我们被迫在旁等待,贫困农民和劳工居住的蜂巢状小屋探出地面,仿佛带着污渍的气泡。

突尼斯盐湖(沙漠中的盐斑地),是结块盐崩裂的结果,延伸60英里（约合96.56千米），环境之恶劣，就连荒漠也自愧不如。旅行家扎拉法写道："盐湖边缘是强光，强烈到把目光移至天空都算得上一种缓解。"突尼斯盐湖是多纳图教派的发祥地，多纳图正是由此携激进思想一路向北。在一些传说中，突尼斯盐湖还是海神波塞冬、英雄珀尔修斯、蛇女美杜莎的诞生地。诺曼·道格拉斯写道："不同于有生命力的海洋，这里从未面带笑意，随时保持充满敌意的警惕神情，但就在这样一幅永恒无可改变的画面里，蕴含着某种迷人的魅力，对于复杂的现代人类具有迷人的吸引力。"同期游历北非的纪德在听了沙漠四孔笛音之后，发出了类似感想："在你单一的音调里，我听到了隐晦的多样性。"

瑞士艺术家保罗·克利费尽心力从突尼斯荒漠看似难以阐明的特质中提取到最为丰富的记忆。1914年4月，在突尼斯停留的12天彻底改变了克利的艺术风格。在伊斯兰圣城凯鲁万，克利成了一名现代主义的艺术家，致力于以符号传达自然界的核心精神意义。4月15日，他抵达凯鲁万，在日记里记录着这里"引人思考……令人沉醉……使人清醒……"。翌晨，他在城门外的沙漠为凯鲁万城写生时，写道：

柔和的光线洒落下来，一切变得温和而清澈……色彩既深刻又温柔地融入我，我感觉到它，它自然而然带给我内心自信的力量。色彩占据了我，我不用去追寻它，它将一直占据我，我了然于心。那便是此刻欣喜的意义所在：色彩与我融为一体，而我是一名画家。

就在写下上述文字的当天,克利完成了画作《凯鲁万城门前》,以细腻而温润的色调呈现变形的城市景象,其中唯一能辨识的是白色穹顶和3匹马。这是一幅标志着克利画风转变为抽象风格的画。[1] 此后,克利更多凭借色彩表达内心的世界。以往的克利惯用南欧的巴洛克风格,而凯鲁万明亮的光线、肃穆的建筑则让他首次接触到通透的和谐。

距离地中海海岸仅36英里的凯鲁万完全处于沙漠之中。斯贝特拉被攻陷3年后,战士欧克巴·本·纳非在670年建立了凯鲁万。这里是北非第一个主要的穆斯林聚集地。凯鲁万意为"军械库"或"营地"。由于它离拜占庭船队巡航的海域较远,多少比较安全,也远离内陆蛮横的柏柏尔人。柏柏尔族在经历屠杀和奴役之后,从基督教转信伊斯兰教。凯鲁万城由平原上散落的未经烧制的石头建造而成,成为致敬剑与《古兰经》的一座丰碑。拥有89座清真寺的凯鲁万是伊斯兰教逊尼派第四大圣城,仅次于麦加、麦地那和耶路撒冷。有一种传统认为,去凯鲁万朝圣7次就等同于去麦加朝圣1次。凯鲁万对我而言就是麦加的神话版:浸透在白色中的城市沐浴着耀眼的沙漠日光,毯帘悬挂在天蓝色的门上,城中还点缀着尖塔。

即便过了四分之一个世纪,凯鲁万大清真寺依然是我在阿

---

[1] 俄国画家瓦西里·康定斯基(Wassily Kandinsky)在1904年造访突尼斯后,也经历过类似的风格转变。

拉伯世界里见过的最蔚为壮观的建筑。走过中庭和祈祷厅,安静地坐在宛如森林的巨柱下,我感受到的东西比阅读阿拉伯文明相关书籍时更多。大清真寺解释了为何新闻写作要安静地完成:要了解人们的性格特点,就要观察他们造就了什么。

大清真寺在罗马和拜占庭军事建筑中卓然挺立,成了北非伊斯兰建筑的原型。它等同于奥古斯丁哲学中的石头——融合了古典及中世纪的感性。就像在中东围绕着华丽住宅的插满玻璃的外墙,大清真寺是外露不可侵犯的庄严、内含美丽天堂的罗马式堡垒。

伊斯兰教建立在迅速发展的军事力量上。它是一个不容怀疑的宗教——时刻准备着战斗。这个内敛的神圣清真寺完美表现出了这种理念。

大清真寺在8世纪时由从叙利亚而来的倭马亚统治者修建,9世纪时由从美索不达米亚来的统治者重建。由于虔诚信徒的增加,凯鲁万取代了迦太基成为北非政治和文化中心。两英尺厚的城垛,呈现完美的尖角,在冬季混杂灰尘的寒风中格外威风凛凛。塔门矮胖,宣礼塔又粗又矮,戴着一个好玩的郁金香形的圆顶,君临四方。向内倾斜便于蓄积雨水的四角形中庭,呈现出无穷的空间感。

祈祷厅内有着威尼斯吊灯,带有欧洲火车站的冷淡与威严。希腊大理石镶板是在美索不达米亚雕刻的,科林斯式柱头是阿拉伯征服者从迦太基遗迹掠夺而来。帆拱支撑的圆顶是对以压倒性的绝对真理为基础的星系的礼赞。

凯鲁万是正统伊斯兰教而非宗教激进主义的温床。一些伊斯兰激进分子后来从突尼斯的贫民窟来到这里,他们来自乡间,重新建立了一种更具意识形态色彩的宗教和一座清真寺,以保护自己免受仿西式城市生活的诱惑。但是,凯鲁万在那时范围小到居民都互相认识,那里保守封闭,人们并不激进。

阿布·扎姆阿·乌巴伊德·阿尔奎阿姆·巴拉维的陵墓就坐落在这座柏柏尔清真寺内,人们常称其为西迪·撒哈卜。他于654年在附近不远处的一次伊斯兰教对非洲的早期远征行动中被杀害。巴拉维在阿拉伯跟随先知穆罕默德,据说他一直贴身携带着三根先知的胡须。这座献给他的清真寺尽显奥斯曼和安达卢西亚的华丽辉煌,为大清真寺所排斥。我们走进中庭,鸟鸣响彻摩尔式拱道,与自发前来充当我们导游的卡利尔的大嗓门一唱一和。

卡利尔指着华丽白石灰墙的角落,那里有一个散发香味的容器,他用高亢嘹亮的声音说:"这是圣水!"墙上装点了橙色、绿色、蓝色的彩陶。"不,不,不要碰,那是穆斯林的!"卡利尔身着旧大衣,脖子上系了一条粉白相间的围巾。"那间房陈设的是先知穆罕默德之友巴拉维的骸骨,"他接着补充,"不,不,你们不能进去,只有穆斯林可以进去,但如果你们支付一个第纳尔币,或许也能进去。"室内的地上、墙上、坟冢上都装点了当地妇女织的手工毯。她们将自己编织的第一条手工毯献于此是几百年来的传统习俗。我见到穿着明亮红紫相间长袍的妇人席地祷告,身旁是哭闹的孩童。日光灯投射在安达卢西亚瓷砖和石灰墙上，我感觉自己被卷入了硕大扭曲的万花筒，大汗淋漓黏糊糊的人群摩肩接踵。卡利尔嘱咐道："你每天都必须去清真寺，每天都必须去。"走出清真寺，离开前庭，卡利尔的声音和尘埃一起，被风扬上了桉树枝头。

翌日早晨，我们走过蜿蜒曲折的白色通道，来到卡利尔家。我记得他家破旧的蓝色门楣上挂了红椒，蒙了一层灰。卡利尔听见我们来了，赶到门口高举双臂迎出来，他正常说话的语气倒是很轻柔："欢迎我的朋友们，欢迎。"

我们踏进白色庭院，走向一间是淡蓝色泥地板的长条形房间。房间内，一位面带刺青的瘦弱红袍老妇正在弯腰剥坚果，面前放着一个瓷碗。织毯机旁的女子操着铁梳，正将刚完成的织线收紧。那双浓厚的眉毛在她眉心相连。尽管她可能还只是个少女，但神色苍老，面容憔悴。卡利尔向我们介绍这位少女便是他妻子，而她却转过了头去。一个光着身子的小男孩在一旁跺脚尖叫，那便是卡利尔的儿子。他一边抱起小男孩，一边对我们说："马上开饭。"他怀里的小男孩对他做着鬼脸。有刺青的老妇人，即卡利尔的母亲，已经去了厨房。我留意到墙上放了一面紫色塑料框的镜子，福米加牌梳妆台上摆放着一些神色僵硬的黑白全家福。

午餐有布里克煎蛋面团、奶酪、羊肉、撒了辛辣红椒的粗面、薄荷茶。卡利尔指着粗面和薄荷茶，招呼着："吃啊，吃啊。"用餐时，他直勾勾地注视着我们，嘴上只有这句话。用过杏仁、橘子和甜点后，他又热情邀请我们去体验土耳其浴场。我的同伴和卡利尔的妻子卢阿一道，我则和卡利尔走向男浴室。

浴场内环绕的漆柱间热气蒸腾。男技师以茉莉花水浸湿双手后，戴上短绒手套给我搓洗身子。在冷却房休息时，我看见一只卡利尔家同款的长嘴铜壶。卡利尔送我回到旅馆，并问我是否可以跟我回房间。我表示有些累了，明天可以再见面。他脸上闪现出不悦的神情，质问道："你们欧洲人都喜欢玩弄我是吗？"我和他在街上面对面站着，一脸不解，场面十分尴尬。卡利尔是名导游，我们和他不过泛泛之交。或许他希望我邀他到旅馆房间，作为他热情陪伴的回报，或许他有其他的想法。在旅游业越发蓬勃的年代，伊斯兰世界向西方展示的只是冰山一角，而我们向伊斯兰世界展示的同样不是全貌，如此背景下，双方相遇难免停留在表象上且充满了误解。后来多年间，每当在电视上看到阿拉伯年轻人面孔上浮现的屈辱或愤懑的抗议神情，我都会想到卡利尔以及我们之间的误会。

次日一早，我便坐上一辆满是苍蝇的巴士，穿过突尼斯的萨赫勒。海岸地带的野性气息一路向下直至海洋，无垠天色下，偶尔能看见几只驮着陶罐的毛驴剪影。其他乘客都来自茨拉斯部落，他们带着刺青，身着艳丽长袍，手戴金镯。一个半小时的车程后，橄榄树开始出现，这意味着地中海已经不远。罗马人在半沙漠地带种植橄榄树，因较之棕榈树其需要的水分更少。

45分钟前，我还在凯鲁万，路上皆是面纱包裹严实的女子。

而现在我已经坐在苏塞的露天咖啡馆里，喝着卡布奇诺咖啡，望向海滩，穿着比基尼的欧洲人正在享受日光浴。突尼斯是兼有与世隔绝荒漠和国际港口的矛盾综合体。抵达苏塞后，此前在凯鲁万感到的心绪不宁已荡然无存，那是我首次感受到自己内心的文化恐惧。我在苏塞的邮局领取到第一张作为自由撰稿人报酬的支票——通过一篇关于西迪布济德的游记，我获得了来自《基督教科学箴言报》的40美金。为此我激动了好几天，同时开始期待创作下一篇文章、获得下一份报酬。

苏塞的集市戏剧布景一般坐落在山上，俯瞰着这座城市的海滨、港口、火车站。漫步在大街小巷，越过堆叠的晾衣绳，我看到一艘船靠岸，一趟列车到站，还有许多刷了石灰的屋顶。每一帧画面都如同儿童图画书般轻快而单纯。在苏塞，每天早晨醒来都能闻到提神醒脑的咸空气、血橙味儿以及咖啡馆飘来的薄荷和烟草的气息。在苏塞和煦晴朗的几日里，前几周在内陆大草原感受到的寒湿一扫而空。

苏塞的地理位置决定了它的历史氛围和人文气息，这一点同凯鲁万一样。如果说凯鲁万的特点是风沙、岩石和伊斯兰文化，那么苏塞则是航海文明的混合体。公元前310年，阿加索利斯克人在进军迦太基的途中围攻了这座彼时的腓尼基城邦。第二次布匿战争晚期，苏塞一度成为汉尼拔的军事基地。第三次布匿战争中，哈德鲁米图姆（苏塞的旧称）积极向罗马靠拢，不同于迦太基，苏塞逃过了一劫，并在此后数个世纪得以繁荣，成为罗马非洲地区南半部的首府，以及汪达尔、拜占庭、阿拉伯、诺曼乃至于16世纪西班牙的重要港口。

我关于第一次游苏塞的记忆，如同蜡炬般灼热明亮，加之虚实相交的回想，这种感觉格外浓烈。我记得那里有一座考古花园，园内有高耸的桉树、橘树、夹竹桃，同游的一名年长的英国女士兀自用微弱的嗓音感慨道，苏塞和耶路撒冷一样，拥有"灵性的气场"。考古花园属于博物馆，内有许多罗马和早期基督教惯用的马赛克纹样。因其持久的特性、覆盖的规模、强烈的视觉效果，马赛克在以兼具质朴无华和感官刺激为特点的北非古典艺术中占据绝对优势。希腊人从美索不达米亚带来这项艺术，但向希腊人拜师的艺术家们却逃不开色彩与石材的限制——放眼望去尽是红色的马赛克，仿佛其他色彩都凭空消失了。穿过这里的每个房间，让人难以相信此前那么僵硬而刻板的面孔看起来可以如此充满感情。其中一幅维纳斯像有圣母玛利亚的影子，因为基督教也是以异教的圣灵身份起家。我忘记了许多对白，却始终记得征服海洋的海神尼普顿画像以及一头愠怒的癞皮老虎在帝王前领路的画面。19世纪的评论家沃尔特·佩特（Walter Pater）写道："一切艺术始终渴望达到音乐的境地。"那些马赛克里的镶嵌图像便构成了高贵的交响曲。

我首次游历苏塞的10年后，1980年代，北非工薪阶层崛起的同时，酒店旅馆也如雨后春笋般出现。退休一族和挺着啤酒肚的秃顶男人在快餐店的招牌下来来往往，比萨店的流行音乐轰隆作响，突尼斯的皮条客坐在重型机车上同发胖的金发女子调情，这些场景已屡见不鲜。

走到苏塞城南面30英里（约合48.28千米）处的荒漠里，我在埃尔杰姆村附近偶然遇见一处斗兽场，规模同罗马斗兽场相当，但保存得更加完好。在纪德的《背德者》里，因为附近没有什么好酒店，主角就在"脏乱差的房间"里过夜。我在那里时同样如此。走在一条灌风的街上，前方华美的三层柱廊，好像18世纪的场景。穿着卡夫坦褐色长袍的人骑着一辆锈迹斑斑的自行车疾驶而过，此外还有守着铁笼售卖家兔的小贩，街道上仅有我和他们。在斗兽场中，穿过摆放着无头大理石雕像的回廊，宣礼员①的叫喊在石像间回响，我注视着下方的马厩和地牢，野兽、战士、基督徒曾经在此等待命运的安排。蒂斯德鲁斯是3世纪罗马统治下的非洲地区最富庶的城邦之一，花园和橄榄园环绕，斗兽场给橄榄油商人群体提供了娱乐消遣，而捉襟见肘的柏柏尔人也会花上数个小时排队抢个观战好位。在古代，世界上主要的狮子供应地就在突尼斯，突尼斯斗兽场的看客并无底线概念。罗马斗兽场的氛围不同于此，毕竟帝国大道已经被菲亚特汽车弄得乌烟瘴气，但是在埃尔杰姆，真实的是过去，如今则显得寂寥而短暂。

自苏塞沿岸南下，在距离利比亚边境60英里（约合96.56千米）的地方，我们搭上载汽车的轮渡前往杰尔巴岛。"食莲人"的传说便源于此，奥德修斯曾与同伴在此流连忘返。

---

① 清真寺宣礼塔上召集穆斯林祈祷的人员。

他们走出去，不出多久
便混迹原住民间，食莲人，食莲人
食莲人并无伤害同伴之心，丝毫未有
他们只是与我们共享了食用的莲花……
一旦吃过蜜甜的莲花
便再无给来处回信的念头，更无回乡的念想
唯一的想法便是同食莲人长久同住
品莲之际，所有故土的记忆
已烟消云散

突尼斯的景致在这里很好地结合起来：海洋同沙丘部分重合，多瘤重节的橄榄树枝同散落地面的罗马钱币一样年事已高，白色圆顶的建筑不计其数。形似火箭的尖塔仅有两三层楼高，但视觉效果却好似经过了放大镜，大有腾飞之势。杰尔巴岛的首府豪姆特苏克劲风肆虐，形成了沙堡轮廓。在这个国度，放眼满是古老银质胸针和银手镯，长袍炫彩夺目，如此装扮的杰尔巴妇人魅力十足，如同南美的印第安人，戴着宽草帽，身着华美长袍。杰尔巴是非洲、阿拉伯以及希腊的混合体——睡眼惺忪、心不在焉、享乐至上。

在凯比尔浅黄的堡垒上，我晒了一阵午后的太阳。堡垒下方，小渔船尾柱高高立起，一如古代迦太基人停泊于泥泞之中的船队。四周阒然无声，唯有微弱的嗡嗡声传入我耳中。罗杰·德·洛里亚于1284年修建了这座堡垒，罗杰是阿拉贡上将，曾经在西西里征途中向突尼斯的摩尔王国出过兵,还参与过抗议法国安茹省糟糕统治的国民活动。那次抗议通常被称作西西里的晚祷,因为活动发生于1282年3月30日至31日的西西里首府巴勒莫城,正值复活节后星期一的晚祷。位于西班牙东北比利牛斯山脚的富庶王国阿拉贡以此为契机,从法国人手中夺取了西西里。

阿拉贡的领导者罗杰·德·洛里亚出生于意大利,但和阿拉贡的英凡塔·康斯坦丝公主拥有同一位养母。罗杰在12岁时被带到阿拉贡王宫抚养。罗杰率领由西西里人和加泰罗尼亚人组建的海军部队,半夜登陆杰尔巴岛,夜袭豪姆特苏克,建立了这座堡垒,而后由此进攻西西里。在那个时代,国家身份是流动性的,而世界政治不过是贵族精英阶层的一场游戏,他们往往不屑与本土贵族为伍,反而认为自己与其他国家的同阶层有更多的互通共性:由此,这位意大利裔上将效力于西班牙王室,其手下海员征召于各个国家,这样的场景并不罕见。尽管这座岛屿如同施下魔咒,令我着迷,但在罗杰建造的这座堡垒里,当我仰卧在阳光倾洒的城墙上,便又思绪万千,按捺不住继续前行的念头。

在从杰尔巴岛返回突尼斯的巴士上,我们结识了阿卜杜拉。他身上的西装皱皱巴巴,深色皮肤,双手结茧。他问我们从哪里来,要去哪里。我们敷衍应答。他又从法语转换到英语,谈起法国的萨特和拉马丁。他说应当将以色列的犹太人"扔进海里",又说他要去巴黎学哲学和语言,临了还邀请我们去他家。当我们问他家住何处,他指向寂寥高地那头的赤土山脉。车停在一座村落,村口有几家炉渣砖砌成的店面,阿卜杜拉下了车。几天后,我们坐上大巴又来到这里。

我们在高地跋涉了一个钟头,再穿过3处旱谷。劲风呼啸声和野狗乱吠声灌入我们耳内,盖过了荒凉的孤寂。终于,我们在坐落于山谷内的3间泥墙小舍前停下脚步。阿卜杜拉疾步向我们走来,并以当地阿拉伯语问候道:"Lehbess!"我们拥抱了彼此,如同久别重逢的老友。诚然,这里多少有点加戏的嫌疑,毕竟游客往往会预设一种强烈深刻的回忆。

阿卜杜拉不断给我们介绍他的家人,他们一个接一个和我们拥抱,并大喊:"Lehbess!"其中有他父亲拉拉比、母亲玛亚姆、祖母哈达、叔叔切德里,以及弟弟们——卡玛尔、萨勒姆、莱西德、蒙赛夫。男人们都是一口烂牙,面容粗犷,身上的卡夫坦长袍破破烂烂,拄着手杖。女人们则身形娇小,面容却比男人还沧桑,手上的镯子和刺青同那天我们在凯鲁万到苏塞的大巴上看到的茨拉斯女人一样。这里面只有阿卜杜拉穿了西方现代的装束。他们都是常住牧民,世代在这片高地上牧羊。我至今犹记得那种毫无树荫遮蔽的阳光,如同探照灯一般炽烈,耳边则是不间断的叫喊声——无休止的劲风呼啸让当地人养成了高声喊叫的习惯。屋内,柴火熏黑了墙面。其中一个女人给我们端来威士忌酒杯盛的水,清冽可口,夹杂一丝金属味。天色渐暗,野营炉上以糖熬着浓稠而深色的茶。所有人都注视着我们。

那晚，阿卜杜拉的父亲宰了只鸡做库斯科斯。阿卜杜拉向我们自豪地展示了自己收藏的那一点点英法书籍，此外还有一台老式的短波收音机，只要能在当地集市上买到电池，他都会用这台收音机收听国外新闻。除了萨特和拉马丁，他还提到马提尼克岛的反殖民主义作家法农。法农曾在阿尔及利亚内战中当过精神医师，并因此持有激进的观点，他认为第三世界的人民会给地球带来一种新的人道主义。阿卜杜拉引用法农对美国的评述："一头怪物，欧洲的污浊、病菌、暴戾在其体内骇人膨胀。"是他第一次让我切身感受到第三世界的政见，而底层平民在书中读到自己受到何种不平等待遇，由此视其为伟大的言论。起先，我还试图与他争论几句，但后来，我不再争论，只是默默记录他的话语。

那个夜里，我们都睡在泥地上。村里未通电。早餐是蘸着油腻碗里西红柿面糊的糙面包。我帮阿卜杜拉将几只空的大水罐安到驴子上，要去一两公里外驮泉水回来。我们途经罗马时期一处石砌的橄榄榨油场。一群野狗追上来，阿卜杜拉朝它们掷了几颗石子，击退一条，其他狗也随之跑掉。在北非和中东地区，无论是大草原还是荒漠中，石块密布，呈典型的令人厌恶的灰色与坚硬质感，清晰可辨，人们在其中进行战争，也用它做武器。在此背景下，人类的政治争端都转化为生存之战。

那晚，我们又享用了一顿库斯科斯盛宴，饭后阿卜杜拉的弟弟们用法语为我们背诵诗歌。黎明时，天色尚暗，阿卜杜拉护送我们穿过劲风刺骨的高地。回到村里，我们呷了几口茶，等巴士过来。

17年后,我在突尼斯找到阿卜杜拉。他在一所医院做护士,靠政府扶持的按揭住在城郊。我们聊到汽车和健康等话题,他说想戒烟。彼时的愤青已经湮没于遥远的过去。突尼斯政府对社会福利的大力投入扑灭了那一度吞噬邻国的极端主义烈火。突尼斯并非民主制国家,却是真实存在的国度,这还要部分归功于迦太基和罗马留下的财富。

回突尼斯的路上,我们经过庞大的水道遗迹。水道位于宰格万,建于罗马时期,用以向50英里(约合80.47公里)外的迦太基送水。据说,一名罗马士兵爱上当地一位公主,但公主发誓自己不可能嫁给他,除非宰格万的水流到迦太基。后来罗马人修建的水道顺利竣工,不过当士兵应誓上门时,才发现绝望的公主已经向水道一跃而下自尽身亡。在《罗马在非洲》一书中,英国学者苏珊·拉文写道:"罗马理念的恢宏要求跨越式的想象力,这让市政工程完全挣脱了短时需求或是宗教震慑的条条框框……凭借其聪明才智与高超技艺,他们对于自然环境的支配改造达到了前所未有的程度。"每当我经过突尼斯,看见已经倾圮的石拱门成列耸立于这片平原,都禁不住讶异。山脉小巧而紧密,对比之下,水道显得更加宏大。突尼斯的地貌就如同一本我在中学乃至大学都从未见过的历史教科书图册。

宰格万也是福楼拜小说《萨朗波》中戏剧化结局的发生地。汉米尔卡将军率领的迦太基军队在狭窄的关口围困利比亚的雇佣兵。饥火烧肠的雇佣兵成为同类相残的食人兽。当他们向汉米尔卡军求饶,迦太基人将他们手足捆住,对其施行象踩之刑,"他们的胸膛如同盒子一般迸裂",其他人则被施以十字架刑。"你还记得西卡城路上被钉死在十字架上的那些狮子吗?"垂死的雇佣兵问身旁同样被钉在十字架上的同胞。"它们是我们的兄弟!"对方回答。

许多雇佣兵英勇赴死。但同历史上其他英勇赴死的将士们一样,他们的英勇与爱国情怀关系不大,更多是不愿意在同胞面前显示懦弱。雇佣兵之争的最后战役发生在宰格万省附近的拉德斯,如今属于突尼斯的郊区。迦太基军队共1.4万名将士,两倍于雇佣兵。作为小说结局,福楼拜用一个段落刻画了狮子麻木地啖食尸首的场景。

离开突尼斯之前,我们去了尤蒂卡遗址,位于突尼斯北部25英里处,离海不远,就在奎梅德杰尔达河岸边。这条河有部分堰塞河段,自阿尔及利亚山区流经突尼斯北部。沿途桉树夹道,天空呈现出泛紫红的蓝色。一片寂静之中偶有几声鸟叫。黑压压的柏树、胡桃树同橘黄色的土壤相撞,地上还可见零星点点的樱草和仲冬之花。在时光的磋磨踩躏下,迦太基和罗马有如迷宫的墙面覆满了藤蔓和青苔。地面上还留有少量马赛克纹样,全是精细的灰白卵石镶嵌而成。这座遗址仿佛是刻意摆放在此处,为天然美景增光。附近有一些干草堆以及一个贝都因人的营地。

尤蒂卡创立于公元前1101年,后来被罗马人称作非洲的第一个腓尼基殖民地。被迦太基人占领后,尤蒂卡仍是繁华的商业中心。在第三次布匿战争中,尤蒂卡选择了罗马这方,当迦太基沦陷后,尤蒂卡便享受到自由城邦的礼遇,在罗马人完成迦太基重建大业之前,尤蒂卡一直都是非洲的重要城邦。为了维护罗马共和国的民主理念,小加图率兵对抗恺撒大帝。公元前46年,他被恺撒大帝的军队围困,自尽于此。双方先在西西里和阿尔巴尼亚开战,跨过地中海,向西朝利比亚沙漠行进。小加图的军队盘踞在尤蒂卡,期盼着共和国军队在苏塞南部塔普苏斯击败恺撒的消息,结果却等来了共和国落败的噩耗。小加图关上尤蒂卡的城门,通过海路遣散将士后,选择自刎而亡。用普鲁塔克的话来说,小加图以罗马人"绝对自由且绝对不可战胜"的形象结束了自己的生命。普鲁塔克还写道,在阿尔巴尼亚的迪尔拉丘姆,当庞培向军队演说时,台下回应惨淡,而当加图谈及自由理念和男子气概,却受到了罗马将士的呐喊拥戴。

那天下午的徒步行程非常艰辛。循着林间小路,我们穿越静谧的田野向突尼斯前行。途经一座横跨奎梅德杰尔达河的精美的罗马桥,这座桥在现有的公路铺设之前,连接着两地,同时为贝都因人提供转换营地的场所。我记得,向下望着汩汩流水,如同看到天堂在脚下缓慢流淌。历史遗迹拉近了古今的距离,给人以置身久远过去的感受。

五

MEDITERRANEANWINTER

灰之美

1976年2月11日的下半夜,我站在"S.S. 卡拉布里亚"号汽船的甲板上,四周弥漫着海水与燃油的气味。起风的时候,我能感受到金属船身在颤动,船已向海洋进发。导航小船驶回港口。海鸥们在甲板上方变换姿势滑翔,格列特港口的灯光在上下起伏的地平线中时隐时现,除此以外,突尼斯已经沦为一片记忆。

冬日的夜空中悬挂着点点繁星,有如一个巨大的圣体盒展现出神圣的遗赠。猎户座系着一条金腰带,它脚边的"参宿七"还在545光年之外。那晚的夜光来自哈夫斯王朝统治下的突尼斯,彼时同伊本·赫勒敦讨论哲学的古人尚在世。毗邻的星宿有昴宿星、大熊座、金牛座,还有维吉尔在描写埃涅阿斯的北非至西西里航行时提及的"明亮的大角星"。写到奥德修斯离开卡吕普索岛①时,荷马也描绘过同样的冬夜星空。

古代的夜航中,奥德修斯和埃涅阿斯估计是风格迥异的两个旅人。奥德修斯压抑着成王的欲望,因为他相信地位低贱的

---

① Calypso's isle,部分位于今西西里南部海域的马耳他。

人能够在无望的挣扎中重返家园,然而等待他的只有无尽的家国烦忧,"他见过许多城邦的人民,了解到他们的心声,他亲历了许多痛苦与伤悲……"《奥德赛》是关于战争存亡和回乡之路的诗,而《埃涅阿斯纪》则是已无法返乡只有另觅他乡的诗。当奥德修斯在返乡路上艰难前行,埃涅阿斯则已由战败的特洛伊西进意大利,并在意大利建立了后来称为罗马的世界文明。在战火纷飞的年代,维吉尔的埃涅阿斯以其远大理想鼓舞我们奋进;在和平安详的年代,荷马则更旗帜鲜明地向我们彰显了英勇斗争的朝气与活力。那个冬天,随着我渡过的海域越广阔,我对这两本史诗的兴趣就越发浓厚——传奇故事是真正意义上的教育催化剂。

从突尼斯东北端到西西里西北端需要 8 小时航程,给人一种在地图上滑行的错觉。从一块陆地航行到另一块陆地,航程短到我几乎没有睡着。其间我能清楚感受到汽船向东行进,完全不是那种在床板上睡一觉醒来就到达目的地的体验。法国和突尼斯之间的深邃大海沟中也并未有任何海流出来搅动。海面如同一面呼吸轻柔的镜子,映照着那片星空。船只轻快地在鱼类和海绵动物密布的海水上拍打。我感觉自己从未远离使人沉静的文明的拥抱。

这里曾是欧洲和非洲之间古老的陆桥,其间的西西里岛和其他诸如马耳他、潘泰莱里亚的小岛都是陆桥的遗址。突尼斯和西西里一度为相同的山脉联结,而已沉入海底的山脉最高峰曾将地中海切割为东西两块,迄今已有 4400 万年的历史。这里曾作为地中海浅海的战略水道，最宽处仅有 80 英里（约合 128.75 千米）。伊斯兰教徒和基督徒轻松蹚过水道进入地中海。在 11 世纪被法国诺曼人入侵之前，西西里一直是穆斯林的酋长国，突尼斯的集市也为信奉基督教的商人所占据。直到 16 世纪，巴勒莫①的政治领袖开始谋划征服突尼斯的大业。作为那不勒斯在北面的劲敌，巴勒莫凭借同北非的经贸往来蓄积势力。不过，现代化进程已经让伊斯兰教与基督教的界限愈发分明。活字印刷发明带来的书本加强了阿拉伯文读者之间交流的同时，也加强了意大利文读者之间的交流，因此两群人之间的鸿沟也加深了。此外，工业革命也激发了意大利各个城邦的一体化进程，于是巴勒莫也进入那不勒斯、佛罗伦萨和罗马的共同体。到了我旅行的年代，是突尼斯和西西里在历史长河中文化上相距最远的时期。

  船上的乘客寥寥无几。那晚，我和一名来自巴勒莫的尼日利亚人攀谈了片刻。这个来自伊斯兰世界北部的男人似乎没有目的地。他说，这十年间他一直在上沃尔特②、尼日尔、乍得、苏丹、利比亚和突尼斯等撒哈拉地区漂泊。我问他："你怎么过活呢？""您看啊，先生，并非难事。我在当地都搭乘公共巴士，住宿都选廉价的旅馆。"我对他文雅的措辞感到好奇。或许见我是白人，即便我身形和年纪都比他小

---

① Palermo，现为意大利西西里的首府，位于西西里岛西北部，是一座港口城市。
② Upper Volta，位于撒哈拉沙漠南部的内陆国家，1984 年 8 月起更名为布基纳法索（Burkina Faso）。

一圈，他还是称呼我为"先生"。他大笑的时候，整艘船似乎都会同他的大肚腩一起晃动。我们俩独坐在甲板上的一盏应急灯下。他一直没告诉我他姓甚名谁以及来自何方。"我没去过欧洲，先生。但我做好了准备，通过读书。"他的大口袋里有两本书，一本是柏拉图的《理想国》，另一本是《英国普通法简史》。同他身上的衣服和脖子上那条原本白色的汗巾一样，两本书都已经有所折损。"你要去哪儿？"我问道。"我不知道，先生，讲不清楚，或许会去英国学法律。""你在那儿有亲友吗？""没有，先生，但有许多尼日利亚人在伦敦。"他露出了微笑。他的纯真令我讶异。"你的行李呢？""噢，先生，弄丢了。不过我丢的只是几件衣物和一支牙刷。"我找不到言语来形容他，他就像那晚的夜色一样神秘，而且也同神秘的夜色一样消失了踪影。第二天一早下船时，我没有看见他的身影。想着萦绕在他身边的神秘感，我脑海里兀自闪过一个念头：有一天，我也会走到他提及的那些地方。

夜色下的海呈现出几近墨色的深蓝。两座离岸小岛——法维尼亚纳岛和莱万佐岛——在海面浮现，如同神话般引人遐想：在虚无缥缈的不真实感之中，它们不像真切的风景，更像人们心中的回忆。破晓时分柔和的光揭开了杏树的面纱，露出树上淡紫的杏花。劲风刮过，沙尘突然消失，一切呈现出大雨冲刷后的明净。欧洲展现在眼前，非洲已在身后。在欧洲大陆上，埃里切山（Erice，古代称为Eryx）此刻呈现红色调，仿佛是从维吉尔的《埃涅阿斯纪》里搬出来的图像，浮现在平原之上。埃涅阿斯的父亲安塞斯离世，奉祭于为他修建的神庙中，早在那个时候，埃里切山就已伫立于此，为人所知。

船那头出现了防波堤，将海切割为平整的长方形，如同上了色的蓝色瓷砖，在仲冬暖阳下闪闪发亮。已经靠近的港口景象仿佛经过硫化颜料的渲染，在黎明前的小雨后泛出光泽。一座小楼的栅栏分割了通关区域和市区街道，街上有步行或驱车上班的人。在一名海关边检人员的指示下，我们打开了行李，他说了声"Bene！"（意大利语，表示很好），接着用粉笔做了记号。另一名官员则给我们的护照盖上入境戳。片刻后，我们已经踏上西西里特拉帕尼的一条鹅卵石小路，上方有座教堂，硕大的门窗是哥特式的风格。铁栏阳台在前夜未熄灭的街灯下隐隐发亮。在一处小型市场里，我见到硕大的黄色辣椒、紫色的卷心菜、绿油油的西兰花，色彩都鲜艳到迸发光芒。

在皮革店和古董店旁，我们找到家咖啡馆。在利口酒的包围下，咖啡仍散发出浓郁的香气，披着时髦披肩的女人们身上则散发出大牌香水的动物麝香味儿。突尼斯的风情烟消云散，同这里相较，曾经给人以强烈感官刺激的突尼斯顿显朴素。有别于北非简约的几何图形风格，赭色的巴洛克建筑以温暖的拥抱迎接我们。

细微的对比是旅行的要义，因为进行比较是分析的基础。或许，我之后再去意大利北部旅行，会发现西西里和突尼斯的差异消减不少。但我从未像初到特拉帕尼之时感受过北非和欧洲的巨大差异。那天早晨，我便决心以后每到一处就要做好记录。尽管我的履历仍是一片空白，但是每到一处的不同场景都会增进我的自信心，景色不断变换，给人以机遇无穷的遐想。

明亮的吧台前，男男女女聚在一起享受浓咖啡和牛角面包。我发现他们要比突尼斯的年轻人更为现代化也更放松惬意。这里的两性关系更为随性自然，没太多仪式礼节。突尼斯女性更像是与人疏远、穿着讲究的雕塑，突尼斯的年轻男子则聚集在村口的咖啡馆里，指甲里藏污纳垢，一副无精打采的模样。虽然在突尼斯，罗马人留下来的传统和教养吸引着我，但同西西里的优势比较起来，我发现突尼斯比我预想中的还不稳定——更容易受到未来某些不安定因素的冲击。

特拉帕尼，在迦太基语中意为"镰刀"，因其深褐色的山丘和黑色的阴影，自然成为北非的边疆。特拉帕尼已有3000年的历史。腓尼基人以迦太基和尤蒂卡为基础，将特拉帕尼纳入其西部版图扩张的部分。这里还是迦太基抵御西西里的重要海军基地，罗马舰队就是在此于公元前250年第一次布匿战争中被击溃（9年后，罗马人在法维尼亚纳岛和莱万佐岛取得了决定性的胜利）。阿拉伯人也在这里留下了悠久的传统习俗，库斯科斯是当地人的日常主食，老城区也是阿拉伯人在中世纪留下的城镇遗迹。

特拉帕尼扼守着欧洲和非洲之间的水道，其特殊的地理位置让人想要探索其丰富的历史。旅行是孤独的最佳形式，因为真正的探险不在于身体的磨难，而在于知识的汲取。外派记者在吧台上讲的战争故事已经老掉牙,在岁月中不会轻易腐朽的故事,往往也是难以讲述的故事,或许只是古老文本中的一句话,或许只是一块石头碎片,那些故事往往蕴含着具有启迪意义的思想或洞见。

在西西里的第一天,第二件印象深刻的事情发生在黄昏时分。我参观了佩波利国家博物馆,芥末色的回廊间缀着棕榈、夹竹桃和迦太基遗迹。哥特式的门廊通向镶有阿拉伯式几何图形马赛克的雄伟阶梯。展厅陈列了希腊的双耳细颈瓶、拜占庭时期的圣像、伊斯兰风格的挂毯、早期的现代画。对我而言,那是场西西里文明变革的导览。

西西里岛是地中海最大的岛屿,也是地中海东西两面的防波堤。西西里岛不仅属于欧洲和非洲,还是希腊和拉丁世界的交汇处。强大的地中海文明都曾占据西西里,并留下足迹,其中有腓尼基人、希腊人、罗马人、阿拉伯人、汪达尔人、拜占庭人以及其他以法国诺曼人为代表的欧洲种族。Mafia 一词意为"黑手党",大概源自阿拉伯语中的 Mmahjas(吹嘘)。这种犯罪组织在西西里是有千年历史的古老行当之一,除了少数黄金时期,在其他年代里,有组织的犯罪行为加剧了贫困,破坏了制度,败坏了公民良知,而且逼迫平民向社会势力寻求庇护,以抵御犯罪组织的暴力威胁。

根据希腊人的讲法,西西里起源于独眼巨人库科罗普斯族,这是对于无政府主义的拟人象征。荷马在《奥德赛》中将库科罗普斯族描写为"高大而威武……目无法纪的暴君",他们从

不进行耕种,因为"大地的一切满足了他们的所有需求":

> 他们既无聚首议事的场所,也无律法;
> 不,他们住在高高山顶的洞穴之中——
> 他们是自己的律法,是自己妻儿的统领,
> 他们并不属于关爱邻舍的世界。

神话传说以终极且浓缩的内容让人理解感悟,好过冗长无味的史实记载。库科罗普斯族的形象是一种视觉的速记,显现出古希腊人对于意大利、西西里原住民的视觉印象——这些人没有律法,因此也没有文明可言。继库科罗普斯族之后,这里迎来了食人族莱斯特鲁戈奈斯、西西里西部原住民、神秘的埃利米人(特洛伊沦陷后便航行至此),而后便是西西里之名(Sicily)的来源——西塞尔人。西塞尔人的语言属于拉丁语系,约在公元前1250年从意大利本土迁至西西里岛的东部。由于西西里岛地域广阔,地形崎岖,不同区域的人们不知彼此的存在。腓尼基人定居迦太基的同时也在西西里的西岸拓展,不久,希腊人也开始在东岸殖民,其势力盖过了西塞尔人。希腊人在西西里引进了葡萄和橄榄的栽种技术,西西里岛的新石器时代终结,就此迈进地中海文明的历史进程(后来,阿拉伯人带来了柠檬,葡萄牙人引进了橙子)。

当腓尼基和希腊的文明成熟并传遍全岛,腓尼基与希腊之间的冲突摩擦、希腊人内部的矛盾纷争也愈演愈烈,由此招致

希腊、迦太基和罗马在西西里进行了军事干预。公元前五世纪晚期，雅典人入侵西西里。公元前3世纪，布匿战争在西西里爆发。西西里就此卷入地中海政治纷争的历史漩涡。

以其核心的地理优势而言，西西里竟未成为政治大国，而是成了现代具有异域风情的偏远地区，只能说是造化弄人。7世纪中叶，拜占庭王朝的君士坦丁二世为了避开阿拉伯人，将都城从君士坦丁堡迁至西西里东南海岸边的锡拉库萨。若非君士坦丁二世的暴君行径，引得贴身侍从在668年9月15日于浴缸中弑君，则拜占庭的首都或许会一直都在西西里，而地中海的历史也将改头换面。

那时候，在西西里的冬天，遮阳篷纷纷上卷，旅店多半没有旅客入住，而无人问津的考古遗址孤零零立着，此情此景会引发你关于远古游记的遐想。第二天早上，我们起得有些晚。起身后直接由特拉帕尼乘巴士前往埃里切山。巴士在弯曲的山路上爬行，远处的法维尼亚纳岛和莱万佐岛如同天际时隐时现的星辰，衬托出苍穹的无垠和不朽。我见到松树林散布在荒凉的石灰岩地区，这里的洞穴曾出过象牙，揭示了西西里的非洲渊源。尽管埃里切山的主峰海拔只有2454英尺（约合747.98米）高，但因气温陡降，加之附近并无其他山峦而略显孤僻，给人一种高度远甚于此之感。

我们下了车，迎面而来的是林荫密布的多刺柏树和榉树林，它们是村庄的守卫。红屋瓦经过风吹日晒已经褪为浅浅的象牙白色，在青苔的映衬下略微暗淡。石子铺路的巷子有些潮湿，行于其间仿佛天空就盖在上方,又仿佛是弯曲走进光线暗淡的氤氲画幕之中。埃里切山是常年被浓雾包裹的遗迹,浓雾时聚时散,哥特式的正门也时隐时现。哥特式风格可以圣马蒂诺教堂为例,过去是暗红系,如今则在水浸烟熏下褪为粉色,诺曼或哥特式风格的墙面被千百年的风风雨雨剥蚀。这里是窃窃私语的地方:阳光明媚的地中海之心被囚禁在寒苦凄冷的黑暗之中。

埃里切山的古名来自于阿芙洛狄忒之子埃律克斯。埃律克斯是当地城邦的王,曾在西西里会见过大英雄赫拉克勒斯。来自安纳托利亚的埃利米人是这里最早的居民,他们吸收了许多其他民族的文化——腓尼基、希腊、罗马等。这是个兴起于埃里切山的强势民族,他们顶礼膜拜的是腓尼基人的阿斯塔蒂(美神,即希腊的阿芙洛狄忒和罗马的维纳斯)。1世纪中叶,罗马的克劳狄乌斯曾大力修缮了阿斯塔蒂的华美神殿。当地人会在春天里站在埃里切山上放飞鸽子,以祈鸽子跨越海面,飞进突尼斯西卡城里的姊妹神庙。到了中世纪,阿拉伯人曾在此处修建堡垒,1077年在此遭受法国诺曼伯爵、西西里国王罗杰一世的袭击。这里现存的村落始建于诺曼人征服时期。

埃里切山的圆石与石板路都是灰色调,引起观赏者的深度思考和自省,特拉帕尼之晨那振奋人心的色彩也为之黯淡失色。这里如同傍晚时分的水面——灰色是最原始的色彩,蕴含着人类经历过的所有记忆。埃里切山的灰色调驱使人成熟,是一次回归罗丹花园般的体验。

自埃里切市政博物馆弯弯曲曲的灰色阶梯而下,望向窗边一座半身像,我心里想着:我要记住这一天,这座阶梯。我心里感到无比舒畅而满足,充斥着种种打算以及建立在不确定性之上的灵感。然而,事实证明,我始终未能真切记清那一刻的画面。25年后,当我再访埃里切博物馆,我发现灰色的阶梯还在,但并非弯弯曲曲,半身像则不见踪影。噢,那里原来是个罐子,并非半身像!尽管我隐约记得有一面悬在墙上的中世纪木制隔板,但是对于立在迦太基风格的罐子旁壁架上的蓝橘相间瓷砖,则毫无印象。瓷砖是阿拉伯-拜占庭风格,上面刻有"PAX"的字样。博物馆的警卫告诉我,它一直都在那里。

望着瓷砖,我脑海里闪现了一个被我长期忽视的想法,诱使着我去思索我初次见到的画面。我曾告诉自己,这些事物非常有意思,它们之间相隔数个世纪,穷尽一生的精力去研究找出它们之间的关联,还有什么是比这样更好地度过一生的方式呢?正是此番思考让我继续探寻知识与体验的轨迹,而轨迹本身的分量已经盖过了初见的瞬时动因,同样被盖过的还有与之相关联的事物。

故地重游,我特意找到此前在阶梯上方经过的小型图书室。我在老分类卡和陈旧的书皮间翻阅,想要搜寻谈论迦太基、埃及和希腊的少量藏书。那里的图书管理员的神色同上个世纪的图书管理员如出一辙,他们整理着手头回收的书籍,抬头望向我,仿佛我侵扰了他们的领地。

我们不能在当下感受到绝对的快乐,因为我们要留意随之而来的乏味苦闷。只有某些瞬间能让我们免受无聊苦闷的罪，享受纯粹的快乐。就像1/4个世纪前，我站在博物馆的台阶上的那一刻，是由许多非凡而独特的元素构成的片刻，然而对于具体元素的记忆，通常消逝于数个钟头乃至几分钟内。用贝克特的话来讲，要冷不防忆起部分细节的话，那种感受如同呼吸到"天堂的纯真空气"。

六

缄默的神殿

从特拉帕尼搭火车到巴勒莫需要 3 个小时的车程，中途列车会在塞吉斯塔停一站。塞吉斯塔是公元前 5 世纪希腊多利克神殿遗址所在地。僻静的站台风尘仆仆，站内有个行李托管处。将行李寄存妥当后，我们徒步来到一两公里外的神殿遗址。乡间的浅谷和山丘搭配，看起来好像一辆平缓起伏的云霄飞车。嫩绿和亮黄的橄榄园与麦田之间缀有水流湍急的沟渠，桃金娘和龙舌兰夹杂在其间。沿途，我们听着羊铃叮当作响。神殿隐约在远方现身，仿佛一个秘密守护者的暗灰身影。居于意大利的文艺复兴艺术批评家伯纳德·贝伦森称之为"自然中混沌、漠然和无序之下的理性、秩序与智识的象征"；歌德描述过"风在有如森林的石柱间呐喊……"的画面。不过那次徒步期间，我尚不知晓贝伦森，也不清楚歌德曾经到访此地。引导我向他们走近的，正是这间坐落在茂密麦田间的神殿带给我的难忘回忆。

我们蹑手蹑脚地在石柱间走动，穿梭于哗哗响动的清凉微风中。四周阒无一人，方圆数里也不见人家。2 月的原野上野花遍地。这座希腊神殿始建于公元前 430 年，正逢塞吉斯塔和雅典结盟之际，但由于塞吉斯塔同南面的塞利努特发生战争，这座神殿一直未完工。这次的纷争引发了系列冲突，最终导致雅典入侵西西里。至今神殿仍无屋顶，石柱也未雕刻凹纹，柱头的顶端也仍显粗糙。然而正因为尚未完工，反更显出这座神殿的宏伟与壮阔。

自神殿往前走一英里，我们到了可以一览附近山脉全景的希腊剧场，劲风呼啸，四下的静寂更为明显。又累又渴的我们回到冷清的车站，饮下半升葡萄酒，吃了一大碗加了罗勒做香料的土豆泥。店家是位老妪，我们结账时，她让我们看着付，觉得付多少合适都行。

我们在塞吉斯塔仅仅短暂停留了数个小时，却让我第一次接触到修昔底德的《伯罗奔尼撒战争史》以及其他关于雅典入侵西西里失利的书籍。加上迷人景色和完美的午后时光，我从一开始就明白，这是段值得探索的历史。

故事始于公元前 427 年，雅典人派出 20 艘船舰前往西西里东南部。雅典的盟友莱昂蒂尼在西西里受到锡拉库萨统领下数个邻近邦国的腹背夹击。锡拉库萨倾向于斯巴达，而斯巴达正陷于伯罗奔尼撒战争，同雅典人争夺希腊岛屿。

两年后，雅典增派船舰协助西西里的盟友，他们坚信只要有更强大的武力，就能结束战争。然而，同年夏天，在希腊居民的拥护下，锡拉库萨最终占领了西西里东北部的墨西拿。于是战争就此席卷了雅典人、莱昂蒂尼人、当地的西塞尔人及其敌对的锡拉库萨人、墨西拿人。雅典拖泥带水的军事干涉激起了西西里更多希腊人的怨怼。

公元前424年,在南部海岸城市杰拉的一场集会上,锡拉库萨的贵族赫莫克利特斯呼吁西西里的希腊城邦和平共处,齐心协力对抗雅典。修昔底德记载了他的演说:

复仇未必能成,毕竟错误已铸就,但较量能成,角力可以积聚信心。未来难以预料的事物可能产生最为广泛的影响力,其风险很少有如此大,而事实上也最有用。我们对此同样畏惧,因此我们会在相互攻击之前反复审度。

具有说服力的外交文告出现,更不用说由此发展出的清醒的哲学了。睿智古人的豁达感伤也反映在他们沉静的雕像之上。赫莫克利特斯的游说最终奏效了,西西里的各个邦国最后决定携手对抗共同的敌人。如此,顿失本地盟军的雅典人只得打道回府。

然而这一切还只是开端,悲剧即将上演。

公元前416年,塞吉斯塔派特使出访雅典,提出紧急援助的请求,彼时塞吉斯塔人因为边境纠纷已经同邻邦塞利努特开战。塞利努特获得了锡拉库萨的援助,因此塞吉斯塔人也前来提醒他们的盟友。多利克式神殿的建立也始于此。塞吉斯塔人告诉雅典人,如果不对锡拉库萨加以遏制,那么它将慢慢控制整个西西里,还有可能和斯巴达联手推翻雅典。因为惧怕这种多米诺骨牌效应,雅典人派了特使到塞吉斯塔评估其盟友的财力和国力如何。

塞吉斯塔人就是接受希腊文化的埃利米人（埃里切的埃利米人则接受迦太基文化）。塞吉斯塔实际上已经捉襟见肘，但为了在财力和国力上糊弄过雅典特使，他们从富庶的埃里切埃利米兄弟那里借来了金杯银盏，放置在曾经款待过雅典人的房间内，营造出他们可能加速神殿工程的假象，以此给雅典特使留下深刻印象。特使们回国后则大肆渲染了盟友的财力。基于此，公元前415年，雅典人同意派出60艘船援助塞吉斯塔人对抗塞利努特人，船长为亚西比德、尼西亚斯、拉马卡斯。其中亚西比德和尼西亚斯算得上古代史上最有意思的人物。

亚西比德出征西西里时35岁，相貌英俊，自命不凡，喜欢自吹自擂，他不但通过婚姻继承了大笔财富，还是个声名狼藉的风流人物。他骁勇善战，精于谋略，具备洞察人性的天分，足以操纵盟友，逆转敌我优势。他是外交家、军事家或政治家，悟性过人，张扬而颇具魅力，是一个具有影响力却又让人难以接受的矛盾体。但他缺乏必要的敏感，换而言之不够智慧，不然也不会参与代价如此高昂的海外征战。

据普鲁塔克记述，亚西比德永远雄心勃勃。"媒体宠儿"这个词问世前，他已经成为彼时的"媒体宠儿"。年幼失怙的他受到了卓越的雅典政治家伯里克利的监护，并得以承教于苏格拉底等大师，所以他虽然不善决策，却拥有雄辩的才华。对于斯巴达，他原先持温和派态度，但到了出兵西西里之际，他又化身激进派。在雅典议会上，就派遣特使前往塞吉斯塔开展调查一事,他发言认为,像雅典这样的强权肩负着援助盟友的责任,逃避责任则将破坏雅典向来珍视的价值观。亚西比德认为雅典势不可当。"我们如果不能处理当下的麻烦,那我们可能就止步于此了。"他雄辩滔滔,"我们已经到了不能满足现状的地步,如果我们停止对别人的统治,那么我们势必落入被人宰割的境地。"他更进一步表示,西西里的希腊邦国"不过一群乌合之众",认为他们的制度薄弱,缺乏爱国情怀,不像雅典这般享有民主的体制,不堪一击。此番言论狂妄自大,还掺杂了其一厢情愿的想法。

尼西亚斯则不同。他比亚西比德年长20岁,过于谨慎,倾尽家财投资银矿。尼西亚斯小胜过几次,公元前421年,他和斯巴达达成停战协议,史称"尼西亚斯和平",但6年后亚西比德要打破这个和平的局面,两人势同水火。由于要和亚西比德、拉马卡斯一起负责征讨,尼西亚斯在议会上表示,他并不同意亚西比德的说法。他认为雅典不应该"在实现自我稳固前,就迫切地要支配另一个城邦"。他还指出亚西比德和斯巴达所达成的停战协议尚未稳固。希腊北部卡尔西迪西的叛变也尚未平定。"我敢断言,离开这里征伐遥远的地方,不但会让自己在背后留下许多敌人,还会带回更多新的敌人。"他继续说,总之西西里对于征伐而言路途过于遥远,即便西西里的希腊邦国在锡拉库萨的领导下形成同盟,他们也不见得会攻打雅典,而雅典如去征讨,则会招致更大的质疑与不满。"因此,我们应当明白,我们不是为了野蛮的塞吉斯塔人而战斗,我们是为了规避斯巴达的政治诡计。"

与亚西比德截然相反，尼西亚斯认为西西里的希腊邦国不可小觑，甚至认为即便是迦太基人也无法征服他们。他还说，不可轻信塞吉斯塔人，因为他们会为了自身的利益而"竭尽可能地撒谎"。由于西西里的势力强劲，加上从雅典过去路途遥远，他认为只有倾尽雅典的军力，才有可能征讨成功。

但尼西亚斯的游说产生了反作用，征讨西西里的呼声不但没有被压制，反而更加高涨。不过雅典议会还是听从了他的部分建议，除派遣运输船和5000名希腊重装备步兵外，还增补了100艘三列桨座战船前往西西里。事实上，早在10年前，自20艘船只突然入侵西西里以来，雅典人便已经被盟友步步诱导，陷入西西里的争端之中。至此，向来以谨慎著称的政治家失算的结果就是——雅典王国海洋霸主的声威完全仰仗于远方陆地战场的胜负。

对这段历史有了更多的了解后，我禁不住想起在艾森豪威尔总统向越南共和国提供少量军事援助后，约翰逊总统却增派了50万名美国军人前往越南战场。雅典在西西里的遭遇和美国参与越战之间的偶合十分有意思。就在我前往地中海的半年后，美国灰头土脸地从越南撤军。而雅典的远征军也很快遭遇了难题。抵达西西里海域时，情报显示塞吉斯塔仅有三十多人有能力抗敌。尼西亚斯对此并不讶异，还建议舰队绕过塞利努特和其他依附锡拉库萨的邦国，以此施压，让他们向塞吉斯塔妥协，然后即刻返航归国。然而亚西比德却下令直接进攻锡拉库萨。就这样，雅典人驶向锡拉库萨北部的卡塔尼亚，长驱直入市区，以其作为攻打锡拉库萨领土的基地。最棘手的是加马里纳这个邦国，加马里纳本来支持雅典，但因为地缘临近锡拉库萨，对后者更加敬畏。因此，它选择了全然中立，锡拉库萨从中获利。另一方面，雅典内部也纷争不断。争端起源于遭到损坏的方形石柱，石柱立于希腊城邦的交通要道中心，作为庇佑，上面刻有赫耳墨斯头像和男性生殖器。亚西比德不可一世的野心招来了许多政治敌人，受到损毁石柱的指控，尚在远征中的亚西比德被召回雅典受审。政治上的激进，也带来了暴政的隐患。雅典的民主逐渐紧绷，部分人甚至对其宿敌斯巴达产生了怜悯。

为了避免回到雅典的糟糕后果，亚西比德逃到了斯巴达。雅典人因其出逃而恼羞成怒，宣称要处其死刑。但亚西比德巧施谋略，他说服斯巴达人前往锡拉库萨击溃尼西亚斯。亚西比德告诉斯巴达人，自己尊重团结一致、同仇敌忾的斯巴达人，却实在瞧不上那些使他的祖国蒙羞的雅典人。斯巴达人对他感到厌烦后，他又转向波斯的指挥官提撒菲恩斯，并煽动他促成雅典和斯巴达的对立。

很快，亚西比德在萨摩斯岛得到了盟友援助，得以在赫拉斯庞特海峡①指挥雅典的船只，在数次海战后，于公元前410年从斯巴达手中收复了卡尔西迪西和拜占庭。他以胜利的英雄

---

① Hellespont，希腊语中达达尼尔海峡的旧称。

姿态回到雅典，先前的指控自然不复存在了。然而，当他在其他战争中遭受挫败后，他再度转变立场，于公元前 404 年投靠了提撒菲恩斯的死对头、波斯将军法纳巴祖的小亚细亚阵营，而正是在那里，他中了斯巴达和波斯的阴谋，遭到暗杀。法国历史学家玛格丽特·尤瑟纳尔在她小说化的罗马皇帝哈德良回忆录中曾提及："亚西比德诱骗了所有人，甚至连历史都不放过，他牺牲了无数人的生命，任由其尸身被遗弃在锡拉库萨的采石场，还使母国几近崩溃，而且，交通要道的神修石柱确实是在其手中零落残损。"

抛开亚西比德的变节伪善不谈，如果他能留在西西里继续当他的联合指挥官，那么他的随机应变能力兴许可以让远征军幸免于难，尤其是因为如此一来，斯巴达人也不会因其背信弃义而转向支持锡拉库萨，助长锡拉库萨的势力。

在亚西比德离开西西里、逃至斯巴达后，尼西亚斯告诉自己的人马，现在"离家万里"，举目无亲，面对必然拼死挣扎的当地人，残酷无情才是生存法则。最初出征的野心勃勃就此化作自我生存的昂扬斗志。

通过包抄锡拉库萨后方，雅典人多次在陆战中大获全胜，但联合指挥官拉马卡斯战死沙场，留下尼西亚斯独自指挥。就在尼西亚斯策划致命一击时，在斯巴达支持下，锡拉库萨的援军抵达战场。公元前 414 年，随着针对雅典人的战役此起彼伏，尼西亚斯传信回国，提出若无援军增派，便启动撤退计划。除了阿格里真托，整个西西里都站到了锡拉库萨那面。公元前

413年夏，雅典人在激烈的战火中逃退至锡拉库萨南部一英里处雅典人的军事防御港。战火熊熊燃烧。尽管尼西亚斯率领的大军最终有声望颇高的雅典将军德摩斯梯尼所派援军的支援，但仍伤亡惨重。

尽管雅典人具备海战优势，但德摩斯梯尼将军仍下令紧急撤退。一改心意的尼西亚斯反对，认为他的军队并不惧怕眼前的危难，而哪怕平安撤回雅典，他们"也会大声抗议"，将帅也会面临懦弱无能的指控。哪怕是一度反对出征、谨慎率军的尼西亚斯此刻为了顾全荣誉，也要坚持拒绝仓促撤军。直至斯巴达将领吉利浦斯再增援军，尼西亚斯的态度才有所转变。表面上雅典战士仍在顽强抗战，但私底下他们的将领已经在密谋撤退计划。

随着伤亡增加，雅典人终于陷入绝境。在雅典的光辉历程中，从未有如此羞辱不堪的败北时刻，也从未有如临大敌的心理准备。

锡拉库萨人在港口停泊了三列桨座的船舰战队，并以铁链将船只捆绑在一起，以此围困雅典人。而雅典110艘战船的甲板上也布置了弓箭手和标枪兵，他们企图突出重围，航行至卡塔尼亚。他们在战船上装配了抓钩，撞上锡拉库萨的船只时，可以以此抓住敌船。但锡拉库萨人在船头布置了光滑的牛皮。尼西亚斯一艘接一艘船地检阅，亲切地称呼战士的姓名，并告诉他们家乡是世界上最自由的地方，如果此次战败，那么斯巴达和锡拉库萨将征服他们的家乡。两百余艘船舰在狭小的港口相互碰撞,成为历史上最激烈的海战场景之一。

锡拉库萨人取得了最后的胜利。雅典人弃船上岸,逃回营地。大惊失色的 4 万余名雅典军人和非战斗人员向内陆逃窜,紧急投奔友好的西塞尔人,无暇顾及伤残兵,也来不及埋葬战友的尸首。"所有人在尸体中认出旧识之际,心头莫不涌起伤痛和惊惧。"修昔底德如是写道。

在锡拉库萨的骑步兵一路侵扰下,雅典军队每况愈下。他们不得不趁夜悄悄离开营区,潜行回岸边。但彼时德摩斯梯尼将军的部队已被俘虏,大部分将士惨遭屠杀——他的两万大军中只有 6000 人逃过死劫。尼西亚斯的军队一路行至锡拉库萨南方 15 英里(约合 24.14 千米)处的亚西纳鲁斯河。在锡拉库萨人突击下,雅典军在污浊血腥的水域艰苦跋涉,最终死于脱水。

斯巴达将军吉利浦斯本打算将尼西亚斯和德摩斯梯尼以铁链囚回斯巴达,但其麾下的锡拉库萨人反对,选择就地处决了这两名雅典将领。修昔底德对于尼西亚斯是如此描述的:"在我这个时代的希腊人中,他最不应当得到这样的下场,从其一生历程来看,他是如此恪守德行的一个人。"

亚西比德天资较好,精于算计。尼西亚斯则具有更为敏锐的历史洞见力,因为他从一开始就感知到,哪怕是世界上最强大的国家,要征服西西里也是一个过于宏伟的设想。但当亚西比德尽失好运而变节叛逃之际,尼西亚斯的能力并未太多施展开。正如普鲁塔克所言,他终究还是"在自己预见的灾祸中"

遭了罪。诱使我们走进历史鸿沟进行探寻的是亚西比德的个人魅力和精明谋略，但同时尼西亚斯更为实际，性情也比较复杂，他也是值得尊敬的人物，即使算不上杰出的将领，也算得上是亚里士多德心目中最伟大的雅典市民之一。

幸存的6000名雅典士兵先在锡拉库萨采石场做苦力，而后被贩卖为奴。自雅典人首次袭击到最后一役，历经14年。而自肯尼迪下令突袭到福特总统下令撤离越南，同样是14年。战争让这些雅典人背井离乡。深陷悲观情绪和相互怨怼的雅典人缓了一段时间后，才得以重新面对和斯巴达人的激烈冲突。西西里之战的胜负对于雅典的民主进程、海上霸权的存续影响不大，元气大伤的雅典仍有能力领导同盟。

至于塞吉斯塔人，在敌国环伺的严酷背景下，仍能受惠于强国。公元前409年，没有雅典撑腰的塞吉斯塔人再度受到来自塞利努特的威胁，这一次他们转向了迦太基人。不过，随着布匿战争的爆发，塞吉斯塔成为西西里第一个抛弃迦太基，转而和罗马结盟的城邦。为了向罗马示好，塞吉斯塔人不惜杀害保护当地百姓的迦太基驻军。正是凭借此番伎俩，塞吉斯塔才得以长久存活，直至中世纪之初伊斯兰军队到来。

七

MEDITERRANEAN WINTER

陶之城

逛了会儿神殿，加之先前在车站喝了点红酒，我感到又累又乏。列车一路向东，我时睡时醒，不时瞥见守护着第勒尼安海的锈红色的高耸的山丘。我在日落之际醒来，列车驶入了巴勒莫。

巴勒莫顷刻间给了我全方位的冲击。这座赤土之城在冬日余晖之下熠熠生辉，孩童的喧嚣嬉闹不绝于耳。我后来发现巴勒莫就是更为繁荣的加尔各答，其炽热的色彩实际上蕴含丰富。在平价旅舍放下行李后，我们信步穿行于廉租公寓楼和弯弯绕绕的集市间，其间挂满了晾晒的衣物，充斥着鱼腥味、水果变质和鲜花的气息。四旬斋庆将近，路边的推车上堆满了小物件。四处一片橙红。巴勒莫的部分地区存在大量塌陷的屋顶，一如阿尔及尔的卡斯巴哈①，只不过阿尔及尔不同于巴勒莫，毕竟阿尔及利亚在狂热伊斯兰主义的影响后也接触了社会主义……街道上，人们的脸上写着快乐、感伤和渴望，仿佛情绪本身便是意义，而美是唯一的目的。巴勒莫洋溢着人性，似

---

① Kasbah of Algiers，位于阿尔及利亚首都阿尔及尔老城中心，集阿拉伯、土耳其等建筑风格于一体，1992 年列入联合国教科文组织世界遗产名录。

乎站在了孤寂的对立面。

天色暗下来，精疲力竭的我们选择在一处耶稣教堂歇脚。教堂是16世纪的宏伟建筑，内饰是波纹斑岩，以金叶点缀，显现出一种底气十足的宏伟，这是有生命力的艺术杰作。1954年，文森特·克洛宁在《金色蜂巢》里提及，西西里式巴洛克风格的首要原则便是"没有什么物体能够保留简单的形态，石柱如有线条，则必然扭曲，如有荷叶边，则必然有彩绘"。眼前这座教堂让我眩晕的同时，塞吉斯塔那座神殿仍萦绕在我的心头。

次日早晨，教堂的管弦乐和钟声传入区域考古博物馆的庭院。内庭的陶土烧制的喷泉设施上生长着丛林绿植，四周环绕着棕榈树、仙人掌和香蕉树。雕塑和墙壁一样，统统呈现炭火般的锈红色。在相互毗邻的展室内，罗马的躯干雕像和浑圆而性感的迦太基人面像就陈列于希腊陶器展柜间。尘土给了这里梦幻的气息。同西西里和突尼斯一样，这里有大量文物古迹，同场景有机融为一体，令人们萌生进一步探访的欲望。

在附近，我们寻到一座阿拉伯诺曼式教堂，建于1143年，而后以本笃会某位创立者命名为马尔托拉纳。西西里的巴洛克风格，内饰以暗红和褐色为主，以拜占庭式盛典风格为明面。拉丁与希腊时期基督教的融合印记，在我们这个时代已经不见踪影，因为宗教分裂，不信任的高墙竖立，而现代化进程也加剧了宗教分立的局面。但是在这座教堂里，宗教融合的场面仍熠熠生辉，而且在许多西西里的教堂内都不乏这样的画面。所以，在西西里那些金碧辉煌的拜占庭建筑之下，我耳边往往还会响起拉丁风格的音乐，眼前还能看见伊斯兰风格的木结构，而这种木结构本身又兼具希腊与罗马的双重风格。地中海文明对人文的冲击在于不同文明碰撞下艺术和文化的发展，这点在西西里体现得淋漓尽致。在马尔托拉纳教堂南侧墙上的马赛克画里，我看到了影响西西里文化兼容并蓄的中世纪人物——身着拜占庭长袍的法国诺曼国王，其上以希腊语书写着拉丁名号"Rogerios Rex"（罗杰二世）。

西西里历史上最辉煌的黄金时期也是整个中世纪的黄金时期，离不开两兄弟的雄心。兄弟二人出生于圣罗城附近的欧特维尔村，位于雨水充沛的诺曼底地区。11世纪早期，诺曼人完成了一场起始于一个世纪前的文化洗礼，那是911年，彼时维京人的祖先穿越北海航行至塞纳河畔。到950年，大多数诺曼人已经受洗基督教，学会了法语，而挪威语仅在沿海的新移民间使用。精力十足的诺曼人具有冒险精神，天生就是四海为家的民族。11世纪初期，天主教皇、德意志人和拜占庭希腊人在疟疾肆虐的意大利南部沼泽里你争我夺，引得大量诺曼的年轻将士来此寻求机遇。11世纪后半叶，在一场场攻城陷地和反叛镇压的木偶大戏中，涌现出欧特维尔家族的诺曼人罗勃特这样的人物，他成为阿普利亚和卡拉布里亚公爵，彼时其兄弟罗杰已经开启了西西里的征伐之路。

同时期，仍为酋长国的巴勒莫坐拥300座清真寺，是伊斯兰世界的文化和经济中心，喷泉、花园和集市随处可见。

然而，因与邻国摩擦不断而声势渐弱，其中包括西面特拉帕尼的各个伊斯兰酋长国、南部的阿格里真托、东南的锡拉库萨-卡塔尼亚，皆在短期内脱离了突尼斯凯鲁万首领齐里哈里发①的统治。1072年1月5日，罗杰麾下的铁骑踏入巴勒莫的星期五清真寺，经数日巷战，最终攻陷巴勒莫城。不过西西里地势崎岖，山头要塞众多，阿拉伯人得以负隅顽抗。这场战争耗费了整整一代人的光阴，直至1094年，伊斯兰统治下的西西里才被彻底征服。

次年，第一次十字军东征开始。直到数个世纪后，基督教才重返西班牙南部。而西西里从此处于诺曼人血腥而长久的占领之下，标志着伊斯兰势力在地中海地区的衰弱，直至12世纪下半叶，北非劳工输入欧洲，局面才开始转变。

历史学家约翰·尤利乌斯·诺威奇曾写道，在封建无政府时期的欧洲，极端自利的心态同"神志不清"的宗教理想主义在第一次十字军东征失利之际达到高潮，欧特维尔家族的罗杰建立了强大的西西里邦国，诺曼人、拉丁人、希腊人和阿拉伯人能够和平共处、共同繁荣。罗杰任命了一个希腊人作为"巴勒莫酋长"，同时给予阿拉伯人财政大权以及军队中特别单位的指挥权。在清真寺仍然香火不断的同时，越来越多的基督教教堂和修道院开始在城里兴建。然而，将此番事业推向顶峰的是罗杰之子罗杰二世，也是他将中世纪的西西里打造成21世

---

① Cariph，对伊斯兰国家统治者的旧称。

纪初期的多文化融合范式。1990年代，随着全球化进程，国界概念日益模糊，文化和宗教的冲突加剧，我想起诺威奇关于12世纪西西里的罗杰二世的精彩论著——《太阳王国》，还有其早期关于诺曼人的论著《另一场征服》，两本书都是我在20世纪70年代旅行期间意外收获的。

维吉尔《埃涅阿斯纪》中那象征着超越民族的政治文明和精神文明的世界性文明，从未如同法国诺曼国王统治下的西西里这般开花结果。1130年的圣诞节，欧特维尔家族的罗杰二世在巴勒莫城邦加冕为西西里国王，距离其父罗杰巩固西西里统治已过去36年。罗杰二世推行反对自由主义的绝对统治，领先于在《利维坦》中提出类似绝对主义制度的托马斯·霍布斯500年。纵观中世纪欧洲的统治者，罗杰二世以现代眼光来看可能是最具魅力的一位。在其父统治下的国际化宫廷中，他学了拉丁语、希腊语、阿拉伯语和法语。罗杰二世颇有外交天赋，也颇具军事胆识。然而他却一反诺曼人的好战天性，对战事深恶痛绝。凭借其外交策略，地中海地区迅速接纳了来自西西里新的政治和军事势力，并未因新兴强权的崛起而引发国际冲突。当时社会上盛传一种宗教宿命论（后来在马基雅维利世俗哲学下得以修正），但罗杰二世却并未因此受到臣民责难。生命危险也好，王位不保也好，无论身处何种绝境，罗杰二世从未在沮丧悲观或是神秘主义中沉沦，他总能找到新生能量。他身上兼具外交军事两项才能，且军事才能因甚少显露反而更显可贵，加之魄力过人，在意大利南部大陆地区陷入无政府状态后，他得以一举夺回统治权，也由此给西西里经济发展带来稳定局面。

罗杰二世具有雄才大略。1146年，他拿下利比亚地区的黎波里，掌控了北非，地中海由此一分为二。如此一来，十字军第二次东征的船舰若要自西航行跨越至东地中海，得先征求他的同意。他明面上同意第二次十字军东征，私底下却持反对意见。正如其父反对第一次十字军东征，罗杰二世也认为，西西里的诺曼王国有容乃大，而且参政议政的智囊中也有很多伊斯兰教信徒。在圣地的法兰克人和拜占庭声势式微之际，罗杰二世攻占了希腊部分地区，解除了拜占庭王朝对意大利南部地区的威胁。此外，他巧妙地通过匈牙利的盟友们向塞尔维亚的某次叛变伸出了援手，加倍削弱了拜占庭势力。就这样，在第二次十字军东征末期，罗杰二世已经跃升为欧洲最具影响力的君主。

世俗势力的难题在中世纪最为错综复杂，罗杰二世却在化解这一难题方面走得很远。那个年代的特点之一，便是罗马教皇的权威无处不在却又疲软无力，衰弱的王国、公爵、男爵被笼罩在阴影之下，无不沉沦于无休无止的战争之中。然而在12世纪的西西里，罗杰二世的统治全然一副来自君士坦丁堡宫廷的东方恢宏气势。当时在所有欧洲城市中，仅有君士坦丁堡的人口多于巴勒莫。他发行的达克特币上使用的并非象征罗马教皇的圣彼得像，而是"全能者基督"（宇宙的造物主）。

因罗马教皇在西西里的势力甚微，罗杰二世的政敌并无多少影响手段。由此，骑士军团的势力有限，而其父建立的强权得以持续壮大。其政权大部分建立在阿拉伯及古代罗马的制度之上,社会安定,不同的宗教团体可以无惧共存,不必为未来担忧。

　　罗杰二世的王国由北非海岸边的阿尔及利亚延伸至利比亚,大约等同于 7 世纪前国王盖塞里克统治下的汪达尔版图。正因为管控并不严苛,他才取得了辉煌的成就。若是柏柏尔人阿尔穆哈德转而由摩洛哥阿特拉斯山启程,且在早几年的时候征服突尼斯,继而挑战诺曼人的西西里,那么罗杰二世的阿拉伯臣民是否还能如此忠诚地归顺就另当别论了。诚然,这位西西里"受洗的苏丹"领导了一个各种教派融合的团队,构成的王国不仅仅是一个发达的城邦,而是诸如小型的拜占庭或奥斯曼王国。罗杰二世生前未能建立强大的贵族体制,但到了 17 世纪,红衣主教黎塞留在法国起义,通过挑战罗马教皇和罗马帝国的丰功伟绩,铸就牢固的民族认同感,支撑起卓有成就的贵族体制。倘若罗杰二世并未在 58 岁之际离世,那么想必也能达成此番丰功伟绩。

　　我们在巴勒莫拜访的教堂皆是罗杰二世统治下绝对世俗力量的神秘衍生品。绝对世俗的权力在乱世中提供了喘息的空间,释放出了自由学习的洪流。那个时代以阿拉伯文为国际通行的科学语言,罗杰的王宫中也清一色是阿拉伯医生、地理学家和数学家。他授权友人撰写中世纪最伟大的地理概况,这位友人便是学者亚德里西。亚德里西的著作《罗杰书》涵盖了彼时偏远如英国、黑海和俄国的详尽地貌资料。该书完成于 1154 年,同年，罗杰二世因心绞痛溘然长逝。

若非王朝内部的明争暗斗，西西里落入罗马帝国皇帝霍亨斯陶芬王朝亨利六世之手，那么诺曼人的西西里王国将在罗杰二世之子威廉一世和其孙威廉二世统治下续命40年。亨利六世之子腓特烈二世同先前的诺曼君主可以媲美，他博学多识，推行国际化，推动多项行政改革。然而自此以后，西西里再无维吉尔笔下的黄金时代。

情人节那天早晨，我们以微甜的黄褐色葡萄酒举杯相祝，而后穿越茂密的枣椰树种植园，向罗杰的宫殿走去。这座宫殿由巴勒莫的阿拉伯酋长所建，罗杰二世进行了全面翻修。我们走过几间巴洛克式的房间，里面的装潢经过数个世纪的更迭调整，风格有如跳动的钢琴琴键和如泣如诉的小提琴。罗杰的卧房内覆有一层金色玻璃作为镶嵌装饰，还有一些树木和动物的马赛克图像，比我在苏塞博物馆见过的更为精致。

一条宽大的凉廊通往罗杰二世御用的帕勒泰恩礼拜堂，祝圣于1140年的圣枝主日。莫泊桑曾写道，踏进帕勒泰恩礼拜堂，犹如走进一颗宝石。在伊斯兰风格那钟乳石般的天花板下，拜占庭时期的圣像和拉丁铭文成排陈列。先知、全能者基督和圣母的圣像十分庄重，有其既定的样式。礼拜堂过度精致的风格展现出一个处于权力巅峰期的世界性文明的自信所在——那个时期，穆斯林女裁缝师会以阿拉伯文为诺曼君主的王袍绣上基督教义；那个时期，以诺威奇的话来说，便是舰队司令是希腊人，锡拉库萨主教是英国人，阿格

意大利教皇卜尼法斯八世（Boniface Ⅷ，1294—1303在位）

马拉松战役：公元前490年9月13日，希波战争（前500—前449）中，古希腊城邦联盟和波斯帝国在马拉松村（雅典东北40千米）附近进行的一次会战。以波斯战败告终。这是希腊军首次取得的重大胜利。此战不仅消除了波斯第二次远征的威胁，而且对希波战争的整个进程也具有重大意义。马拉松会战在以后团结雅典民主力量和加强希腊各城邦政治军事同盟中起了重要作用

希腊雅典,古希腊建筑遗址:宙斯神殿

希腊伯罗奔尼撒半岛斯巴达市,古斯巴达遗址

希腊伯罗奔尼撒半岛,古希腊迈锡尼遗址

希腊伯罗奔尼撒半岛,古希腊柯林斯遗址

古希腊悲剧之父"埃斯库罗斯"(Aeschylus,前524?—前456)像

布匿战争期间,在意大利的迦太基统帅汉尼拔(前247—前183)。1508—1513年间,Jacopo Ripanda(1490—1530)绘,意大利罗马Capitole博物馆藏

古罗马皇帝哈德良,117—138年在位

古罗马皇帝戴克里先的离宫（palace of Diocletian）。位于南斯拉夫斯普里特（SpliL）。295—305年，戴克里先皇帝退位后，在那儿建造了自己的离宫。当时达尔玛西亚的中心城市是萨罗纳（Salona，距斯普利特东北5千米，前1世纪伊里西亚的首府），因而戴克里先可以说是斯普里特最早的定居者

罗穆卢斯·奥古斯塔斯（意为"傀儡皇帝"），西罗马末代皇帝（475—476）。475年，西罗马帝国皇帝尤利乌斯·内波斯在帝国禁卫队军官奥多拉赛谋划的政变中丧生，少年罗穆卢斯·奥古斯塔斯在动荡时期登上皇位，476年，他又被迫让位给叛变的帝国禁卫长官奥多拉赛，西罗马王朝从此灭亡

查士丁尼一世（Justinian I, 483—565, 527—565年在位），拜占庭帝国皇帝，意大利拉韦纳圣维塔莱教堂镶嵌壁画

意大利西西里岛埃特纳火山与古希腊剧院

希腊克里特文明壁画：米诺斯人的宗教仪式与体育活动相混合的戏牛运动

君士坦丁一世（约280—337），古罗马帝国皇帝(306—337)，史称君士坦丁大帝，是第一个信仰基督教的罗马皇帝。330年将帝国首都从罗马迁到拜占庭（改名君士坦丁堡）

里真托主教是匈牙利人。这座建筑的设计建造者令人赞叹，他们对于自己的信仰多么笃定！而美国当下的情况却大相径庭——国家自信在石油危机和越战的余波中消耗殆尽。

伊斯兰式的郁金香拱顶和罗马式的肃穆塔楼——在巴勒莫，诺曼人兴建的教堂风格往往是刺激感官和压抑人性的惊人组合。这种风格在巴勒莫城过犹不及的巴洛克风建筑中尤为突出。在别号为"隐士圣约翰"的圣乔瓦尼·德利·埃雷米蒂的修道院花园内，看着那些阿拉伯式拱门和纤细的罗马式石柱，我感觉自己回到了西迪布济德。在此处，西西里和突尼斯之间的距离已经消失。罗杰二世于1142年建立了这座教堂，尽管这里紧挨着他的宫殿，但他还是在里面安置了一群隐修遁世的本笃会苦行者，以示其有意同罗马教皇划清界限。园内弥漫着棕榈、仙人掌、茉莉、橙花和天竺葵的香味儿，令人不禁期待小精灵、小仙女或是其他小仙子会从这片绿意间冒出来。在《太阳王国》中，诺威奇将这座教堂那些玫瑰红的穹顶比作"硕大的石榴"，并写道："它们并不美丽，但它们在记忆中灼灼燃烧，直白而生动地永葆于记忆之中。"在这5颗"石榴"的阴影下（其实更像是尖塔顶端），我们边吃水果边聊天。聊到什么我已经遗忘，唯一记得的是园中那些纤细的石柱上生了菌类，让人脑海中闪现出中世纪早期伊斯兰的折中主义风格——那是吸收了希腊、罗马、西班牙、犹太和其他文化影响的样板。那时，伊斯兰城邦尚未成为令人窒息的势力，仍是国际化大都市。

正如阿拉伯国家突尼斯燃起了我研究罗马历史的热情，天主教氛围下的西西里则引发了我探寻伊斯兰历史的渴望。在伊斯兰的中东地区,人们见到的伊斯兰一如现状;而在西西里,我却发现它在时光中独善其身,真切的西西里之光都保存在拜占庭和诺曼人的层层石块之间。

比如,罗杰二世之子威廉一世兴建的济沙城堡,其名La Zisa 源自阿拉伯语中的 Al-Azia,意为辉煌。在济沙城堡内部,蜂巢状的穆卡纳斯枕梁自圆顶边上悬下来,同几何图形的瓷砖融合,托住残存的湿壁画。画中那些赤身裸体如同穿越而来的老照片,一旁是阿拉伯语、希伯来语、希腊语和拉丁语铭文。连排的古希腊双耳细颈瓶上也写有阿拉伯文字。彼时的中东地区,处于奥斯曼没落之际,也正是 12 世纪近代化扩张来临前夕……还有什么比这样一座诺曼式的宫殿更贴合此情此景!济沙城堡绝美地伫立于此。其力学之美和对称之美,如今回忆起来,让我不禁想起多年之后在伊朗北部见到的土耳其-波斯式的卡布斯塔楼。济沙城堡和卡布斯塔楼都属于中世纪的文明印记,都通过华美的建筑展现文明的精华,甚至还透出一些现代抽象感,令人讶异。

最美的回忆,总是能为英国评论家阿兰·G.托马斯称之为"拽住公交车吊环"的劳苦中年带来慰藉。对我而言,论巴勒莫城的旧影,其中最为鲜明的莫过于蒙雷阿莱修道院。蒙雷阿莱是一座石柱纤细的双拱门封闭式修道院。石柱与拱门相映和谐,上面的金叶与或漆黑或暗红的瓷砖熠熠生辉,如同波光浮动。每根石柱柱头的样式都不尽相同:叶片状、狮爪状、玫瑰状……我能清晰回想起这些细节,因为当时非常寒冷,但在修道院内,阳光洒在主教位后的石灰岩墙面上,带来了洋洋暖意,仿佛春天已经到来。

一如帕勒泰恩礼拜堂,蒙雷阿莱大教堂也是一座文明之堂,其内东正教、天主教和伊斯兰教作为艺术形态而共存。头发浓密、态度温和的威廉二世有着"好人威廉"之誉,他是诺曼王国最后一位伟大的君主,于1174年开始修建蒙雷阿莱修道院。据称,在猎鹿时,圣母在好人威廉面前显灵,并向其透露了宝藏所在,那也正是他要向上帝表示感谢之地。他便在那里兴建了蒙雷阿莱修道院。不过好人威廉此举也有其政治考量——建立一个靠近巴勒莫城的大主教区,以应对高级教士瓜尔蒂耶罗蒂·欧法明尼奥膨胀的权势。蒙雷阿莱由此成为一座本笃会修道院;而作为罗马教皇在诺曼西西里的权力代表,欧法明尼奥不能干涉蒙雷阿莱的事宜。蒙雷阿莱修道院的墙壁和塔楼象征着权力的巩固,也代表着这个世俗王国抵抗罗马教皇的壁垒。

继好人威廉之后,西西里王位落入罗马帝国皇帝和罗马教皇之手,而后又到了安茹这一批法国人的手中,后者的统治同诺曼时代相较略显逊色。这段历史在圣灵墓园有所呈现,附近一群青少年正在进行激烈的足球赛。

1282年3月30—31日,在复活节后的星期一晚祷前,圣灵教堂前的广场上挤满了谈天说地、载歌载舞的民众。这时,一群安茹的法国醉汉官员率队不请自来,人们的神情顿时严肃起来。一名法国陆军中士对一名年轻的西西里女子言行轻佻，被女子愤怒的丈夫刺死。当这群法国人要女子丈夫血债血偿之际，西西里群众露出了藏在斗篷下的长剑和匕首，向法国人开战。最终，法国人被击败之际，广场的晚祷钟声响了起来。

消息很快传遍巴勒莫城，屠杀安茹人的起义也随之爆发。第二天早上，两千人死亡，当地叛军控制了巴勒莫。不出一周，特拉帕尼的科莱奥内、卡尔塔尼塞塔等城邦也纷纷摇旗响应。

4个月之后，西班牙的阿拉贡人趁叛乱之际，也派出海军向安茹政权发起挑战。彼时，安茹人已经掌控了突尼斯、阿尔巴尼亚和耶路撒冷，并计划染指君士坦丁堡。瞬间，安茹人内外交困，如临大敌。罗杰·德·洛里亚率领阿拉贡大军在另一次战争中再次击败安茹人（数周前，我还在突尼斯杰尔巴岛的罗杰·德·洛里亚的堡垒上晒过太阳）。几年间，战争一直在进行。1298年，安茹王朝在罗马教皇卜尼法斯八世的援助下，以杰尔巴岛总督的职位成功诱使罗杰叛离阿拉贡。但安茹人仍然无法重新占领西西里。1302年，双方达成条约，西西里转给阿拉贡的腓特烈王，而安茹从西西里撤军。

西西里的晚祷起义对于西西里安茹人的主要支持者梵蒂冈冲击更大，但也不过是中世纪教皇面临的系列冲击之一，此外还有后期所谓的亚维农教皇流放事件。据历史学家史蒂芬·伦西曼之言，这一系列冲击"以宗教分裂和如梦初醒的形式"将罗马教皇拽向"宗教改革的困境"。

MEDITERRANEAN

八

西西里之行

那年冬天，搭上西西里列车前往下一个目的地是我最为愉悦的时光。每一次抵达都需要数小时的前行，而每到正午时分，我们总是一成不变地在路上。人们会打开餐盒，干酪、意大利腊肠和新鲜面包的浓郁味道充满整节车厢。列车途经并停靠许多小镇，在意大利北部工厂辗转的游子投入亲友的怀抱，抑或就此与家人离别，小小的月台上往往可见热泪盈眶的人。

从巴勒莫到阿格里真托的途中，我们穿越了西西里岛的中心地带。窗外，沟壑纵横的无垠绿野上，葡萄园、果园和杏树园星罗棋布。石灰岩山脊上的瓦房村落中到处有教堂。崎岖的地貌被人为打造成秩序井然的景致，正如龙舌兰和香蕉树为亚热带大草原增添了几分未经开垦的意味，黑色的松柏则为这里增添了几分内敛沉稳的气息，尤其当我们途经岛屿南部，部分景致透出一股严峻而荒凉的气质，如同《圣经》故事中的场景。即使阿拉伯人带来的枣椰密集地生长在棚架和褪色的墙边上，隆冬绽放的杏花和雨后探头的野花遍地都是，依然让人感觉得到腻味的灰尘无所不在，引人不禁遐想：在第一批登陆的希腊殖民者眼中，西西里是如何广袤无垠而又多姿多彩。

我们在一座中世纪古镇上找到落脚之地。旅馆里湿气很重，房内没有暖气，没有马桶，没有热水，只有破裂溃水的洗手池以及通过床边窗户可远眺神殿谷的视野。开阔的谷地前方是一片高地，橄榄树和其他农作物在上面呈条状分布，其边界消失于远远的突岩群后。越过其中一块突岩望去，各个角度都能看到造型别致的赭色方块轮廓：那是一座希腊神殿，只因相距甚远而难辨细节。

在阿格里真托，我读到一本书，名为《西西里考古指南：罗马史前遗址和希腊城邦》，作者是玛格丽特·圭多。图书收录了大量地图和每一座城镇有意思的历史故事，想必放在过去，这也会是一本对修昔底德而言有所裨益的指南。通过圭多，我第一次了解到，距离西西里岛南岸40英里的阿格里真托（希腊语Akragas，亚克拉加斯）由来自杰拉的先民于公元前581年建立，同西西里其他希腊殖民区一样，亚克拉加斯彼时是君主专制的城邦，专制君主有好有坏。由于缺乏稳定的政府统治，早期的希腊殖民区成为某些个人展露勃勃野心的猎物，所以在希腊本已被民主取代的暴政在这里卷土重来。个人集权统治通过大兴土木修建神殿而进一步得以巩固，因此耗费了巨额的人力财力。

从房间的窗户望去，我看见第一位亚克拉加斯独裁君主法拉里斯所建的古城墙遗址。公元前6世纪中期，法拉里斯战胜迦太基人和本土西塞尔人，扩大了阿格里真托的版图。法拉里斯将敌人关入一座铜牛炉内活活烤死。那座铜牛炉经特殊设计，当受刑者发出惨叫，铜牛也会发出哞哞的叫声。法拉里斯的残忍暴行后来遭到古希腊抒情诗人品达的强烈抨击。

品达拜访过另一名亚克拉加斯的专制君主塞隆的王宫，并称其为"加之于人的善行比那沿岸沙石还要数不清"。公元前480年，塞隆具有先见之明地联合锡拉库萨，在西西里北部的希梅拉之役中一举击溃了迦太基人。我从窗口可以望见迦太基战俘修建的那些神殿。到塞隆统治末期，亚克拉加斯的版图已经扩及西西里大部分地区。

伴随领土扩张而来的是大量财富的聚集。品达将那个时期的亚克拉加斯誉为"人间城邦中的华美之最"。玛格丽特·圭多则记录：当时的市民生活"近乎暴发户般铺张无度"。他们大肆挥霍金银，睡象牙床榻，为以马为首的宠物建造昂贵的墓冢。渐渐地，这里开始以奴隶加工的豪华沙发和靠垫闻名于世，甚至连士兵的睡枕都松软无比——一切奢靡的表现都预示着最终的衰败。

在雅典和锡拉库萨的大战中，亚克拉加斯保持中立，以期坐收渔利。雅典败北后，迦太基人窥探到西西里权力真空，大举进攻西西里的西部地区。而此时傻得天真的暴发户亚克拉加斯竟选择慷慨解囊。在迦太基人从塞利努特肆虐过境后，亚克拉加斯的市民们以公共开支为数千难民提供食物和庇护，防御工作则全权托付给雇佣兵。迦太基人见机对雇佣兵威逼利诱，终于在公元前406年大举劫屠亚克拉加斯城。为了不落入侵略者之手，众多臣民聚集在雅典娜神殿，集体放火自焚。

暴发户般的亚克拉加斯人具有强烈的异教徒特质。他们认为荣耀不归上帝，而属于人类。他们相信，正因为有血有肉的人类才是希腊宗教的核心，所以来世毫无意义。亚克拉加斯人十分享受俗世的快乐。他们在意当下的享受，不关心未来的事情，也正因如此，他们对于塞利努特难民可谓是倾囊相助，而且，即便自身走向灭绝之境，亚克拉加斯人也并未停止其英勇的救济。

在 1/4 个世纪过去后，我重回阿格里真托。我们在临近傍晚时才从午睡中醒来，脑海中即刻浮现的是天堂般的明亮光线，嗅到的是仿若晨曦的清新空气，雅典娜路迂回曲折，人头攒动，随处可见餐馆、咖啡馆、精品店，无不透露出休闲享受的活力，似乎全然吻合这座古城的特质和精神气质。

第一个早晨，我们起得晚，在一家小吃店犒劳自己一顿意式咖啡和糕点后，便搭了一小段巴士，来到位于城区和神殿谷之间的考古博物馆。博物馆藏有世界上最为精美的系列希腊陶器——大批用于葡萄酒的宽颈混酒器陈列在一个又一个展柜中，还有既可以存放葡萄酒又可以储藏谷物和蜂蜜的高达两英尺（约合 60.96 厘米）的双耳窄颈罐。大部分陶器来自公元前 5 世纪，属于希腊的黄金时代，见证了伯里克利民主改革、希腊城邦向波斯宣战以及伯罗奔尼撒战争。陶器展现了战士离家奔赴战场的史诗，也不乏一些私密场景，如小型晚宴酒席上，女奴为贵妇们梳妆打扮，乐奴演奏助兴等。还有些画面声色张扬到令人咋舌：半兽人形象的森林之神萨蒂尔擒住身着希顿宽袍扭动身体的年轻女子、男女沐浴、酒神纵情等。不过这些纵情声色的画面往往以剪影形式呈现，其象征意义远远超过了写实意义。受限于剪影风格，加之表面传递有限，一如我先前见到的罗马及拜占庭式的马赛克画，希腊陶器上图像的意义大多只能靠自己想象。与之相反的是电视的纪实画面——表面上呈现了一切现实，实际上什么也没有揭露。

还有一座希腊战士的大理石雕像，约诞生于前480—前475年，正是希腊与波斯大战时期。这座雕像残存至今的只有戴了头盔的头部、躯体，以及一条大腿连接躯体的那一小部分，双臂和双腿的大部分都不存在了。即便如此，看着这座战士残像，我脑海中仍然涌现出《伊利亚特》中的所有恐怖场景。这座残像捕捉到了折磨肉体致死的过程，令人不由得倒吸凉气——战士的躯体上都是充满生命力的肌肉，小腹紧缩，双眼仿佛在濒死之际发出了最后抗争的光。不远处还有座小型白色爱神像，爱神仿佛刚刚出浴，正拧着湿发，不过残缺了一只胳膊和头部。一时间，我仿佛回到了中世纪的阿格里真托，眼前的雕像栩栩如生，如同我以往的短暂旧知浮现在眼前——在酒店大堂或车站攀谈过的旅人，我与他们仅有几分钟或是几个钟头的缘分，相交甚浅，但他们说的某些话在一定程度上影响了我。当我对自身其他过往的印象如此模糊时，这些遗迹古物却总能引发我的回忆。

我们下坡，向更远处走去，到达神殿谷。希腊人在西西里兴建的神殿远比其在希腊本土所建的更为恢宏，一如早期美国建筑总是比其英国亲戚的更大、更开阔。在宙斯神殿，可以远眺荒凉地貌的全景，倾颓的石柱上长了地衣，蜥蜴在其间急速攀蹿。象征着自然力的仙人掌分散在地面上。高达 7 米的忒拉蒙①像仰天而卧，双手置于头部后面，正是这些阿特拉斯②般的巨像撑起了宙斯神殿的屋顶，一如守卫金库的卫兵。在古老世界中，他们是无与伦比的。希梅拉一役的迦太基战俘耗费 10 年心力建造了宙斯神殿。然而即将竣工之际，他们的迦太基同胞又荡平了这里以及亚克拉加斯的其他城邦。

数百米外的协和神殿则幸免于难。协和神殿是多利克式的庞然大物，在 6 世纪时一度改作拜占庭教堂，再次逃脱了被摧毁的厄运。经过数千年的风吹雨淋，那里的石柱、墙面、飞檐如同腐木般软朽。在希腊本土，白色的大理石神殿即便漆色斑驳剥落，在我们看来仍呈现了高贵气质；但如放在西西里，与其说褪色的大理石神殿是希腊神殿，不如说它更像是突尼斯的罗马神殿。

我们沿着古城墙走着，沿途随手拾起散落地面的远古碎片，同许多不着边际的单纯年轻人似的幻想在意大利购置房产。下午一点左右，我们搭便车回城，找了家托托利亚店③吃午餐。阳光出奇地好，于是我们选择在室外用餐。我点了份意面，配

---

① 原文为 Telemon，此处认为是 Telamon 的误拼。忒拉蒙是希腊神话中的英雄人物。
② Atlas，泰坦巨神之一，在希腊神话中因反抗奥林匹斯诸神而被罚以两肩扛天，如今用以比喻那些势力强大对抗世界的角色。
③ Trattoria，意大利简餐店。

上凤尾鱼和洋葱。当地产的葡萄酒用绚丽的酒瓶装着。附近厨房的电视声很大,电视荧光屏映出餐馆老板正同家人共进午餐。那个冬天的无数小确幸中,我最喜欢的还是午后微醺并躺下小憩的时光,背靠海港,阳光铺洒在咖啡桌上……如此这般地中海的经典场景在冬日并不易得,由于天寒多雨,遮阳篷收拢,咖啡桌也归置在室内,紧密地挤在一起。每当天气暖和到可以在户外坐坐,真是再好不过了,特别还有一些有爱的细节,比如态度异常温和的服务生、游走搜寻剩菜的小猫咪。一次,就在我们坐下来喝咖啡之际,附近海滩上恰好开始了一场婚礼。在我的记忆中,阿格里真托的那个午后并未发生特别之事,但那确实是美好的一天。那天夜里,我们漫步于拥挤的老街,享用了一顿过了饭点的晚餐,最后在旅馆陈旧的大堂里观看了一部配有意大利文字幕的美国喜剧演员埃迪·坎特的英语影片。

经过 1/4 个世纪,阿格里真托经历了天翻地覆的变化。在楼宇过剩的城市中,充斥着贫民区和奢侈品店,兜售手绢的阿拉伯和非洲小贩在马路旁和车站附近行色匆匆。25 年后故地重游,我已有手机可以随时联络工作,所以那晚散步期间,我仍然忙于对接业务。一个人去旅行的最佳时期:一是趁年轻气盛,还没有一个完整的事业,还不需要为错误和意外负责;二是等年岁渐长,内心世界渐趋丰盈,更容易接纳其他事物,除了自在享受眼前景致,再也不必忧虑其他事。

搭上离开阿格里真托的列车,我们向西西里北部更为贫瘠的内陆山区前进。海洋和棕榈树在视线内消失,包围我们的是颜色更深的植被和深闷多云的苍穹。街灯亮起那一刻，仿佛地球在暮色昏沉间停止了转动。

1086年，卡尔塔尼塞塔处于诺曼人统治之下，属于阿拉伯人的聚集区，这里如同一座灵异传说中与世隔绝的古老堡垒，墙面展现了玄武岩和木炭不同层次的色调，而大教堂的穹顶则泛出煤气火焰般的蓝光。我们发现了一些形似峡谷的街道，残破的瓦片在风中咔嗒作响，街上传来橄榄和意大利腊肠的味道，随处可见的房屋门面破破烂烂，留着被煤炭熏黑的印记，在这里却显出几分柔和，在阳台和郁郁的天色下又显得晦涩模糊。旅馆房间湿冷不堪，于是外出用餐成为一种享受。我们的午餐在一家无窗的餐馆里用的。饭桌上铺了塑料桌布，灰色的墙面上塞满了褐色的橱柜和暗淡的油画，当地酿的葡萄酒呈现很深的黑莓红，热气腾腾的汤里放满了香肠碎块。我们步行回旅馆，途经街上一座临时的祭坛，上面涂有金漆的圣母像端坐在放满花朵的廉价玻璃柜中，燃烧的蜡烛则插在沙里。老妇人们会在圣像前驻足，在胸前画十字。

糟糕的住宿条件令我们迫不及待前往下一站。我们离开卡尔塔尼塞塔的那个早上，雾气散开，西西里中部的景色一层层显现出来，如同退潮中逐渐显现的乳白色岛屿。我们坐上巴士向东南驶去，抵达皮亚扎-阿尔梅里纳。道路顺着山脉波峰延伸，山脊上分布着意大利伞松，盐分和硫黄沿着山脊沉积，勾勒出荒凉的几何形状。我向山脉和高原望去，远处的西西里如同大洲的边界线。

皮亚扎-阿尔梅里纳郊外，卡萨勒罗马庄园遗址[①]所在的山谷，冬雨刺骨，随处可见杨树、榛树和果园，空气中弥漫着一股浓郁而略刺鼻的松屑味。真正的富有是坐拥美景，如此一来适合自身的除了大地之美，再无其他。这座庄园位置绝佳。3世纪末，罗马皇帝戴克里先将帝国版图一分为二后，副皇帝[②]马克西米安可能拥有过这座庄园。马克西米安有巴尔干血统，巴尔干半岛即匈牙利与原南斯拉夫的边界地区。据称，马克西米安在外表长相和行为举止上看都是个粗人，"战争是他唯一擅长的艺术"。

庄园内马赛克镶嵌画的面积之大、题材之广，使其成为西西里最重要的罗马遗迹。其中许多镶嵌画的作者是迦太基工匠，作品完成于西西里或迦太基本土。但较之于我在突尼斯见到的马赛克画，庄园内的马赛克镶嵌画不免稍显逊色。其中有幅10名泳装女子做体操的画，即便她们在肉体上有所暴露，神情却如同面部僵硬的啦啦队长。还有狩猎、宴会和二轮战车赛的场景，画面既冷清寡淡，又过度夸耀。尽管庄园内的马赛克镶嵌画未必都出自马克西米安的时代，但作为统治者的宅邸，不禁引人遐想——被提升为副皇帝的马克西米安似乎过惯了军

[①] Villa Romana del Casale，1997年列入联合国教科文组织世界文化遗产名录。——译者注
[②] 源自罗马帝国在293年开始实行的四帝共治制（Tetrarchy），由戴克里先皇帝提出。他将罗马帝国分为东西两部，各由一位同"副皇帝"的副手管辖，每位副皇帝再配一名继承助手。——译者注

营生活,总是欠缺了一些人情味。这里的氛围不像神殿,更像是马戏团。

这些马赛克镶嵌画构图考究,以其富丽程度为自己挣得了敬意。无论你对罗马爱或是不爱,彼时的罗马占据并扼杀了其他可能性。部分画里还出现了非洲和高加索的景色,同样入画的还有被运送到罗马的动物,彰显了罗马势力之强盛。然而这些画面都缺乏灵魂。我记得在一幅戏剧场景中,一个神话中的巨人身体痛苦地扭曲着,他正试图拔出刺入体内的箭矢,多么残酷的画面。

在庄园短暂停留后,我们于周日午后抵达皮亚扎－阿尔梅里纳。街上熙熙攘攘,孩子们穿着四旬斋庆典的服装。皮亚扎－阿尔梅里纳坐落在三座山丘之上,同卡尔塔尼塞塔一样,这里原是阿拉伯人(中世纪的欧洲人称之为"撒拉逊人")兴建的要塞,先是遭到诺曼人的占领,后又沦为西班牙总督的辖地,这也造就了其巴洛克式的激情洋溢的风格。我们爬上山,经过日晒雨淋的黏土屋顶褪为浅灰色,向下倾斜的弧度构成不规则的四边形组合。阳台阶梯上都摆满了瓶瓶罐罐,留待天暖养花。寒意缄默不语,却铺天盖地袭来,令人感觉如此辛苦,但眼前的景致无论如何都是值得的。

大教堂旁边的广场劲风最强、寒意最重。广场上除了几位老者和一对裹着长风衣相拥的恋人,再无他人。几条街外,我记得在月光下,有一位黑帽女子倚靠墙边,好似美国画家约翰·辛格·萨金特那些高雅画像的模特儿。街景这种颓废美感从何而来？那是一个漫长的过程，经历了战争、入侵、贫穷与间歇的和平，最为关键的还是没落。早晨，我拉起房里的百叶窗，将皮亚扎-阿尔梅里纳再欣赏了一遍。

一个小时会改变一切事物。一个小时，我们已由皮亚扎-阿尔梅里纳搭便车向南，穿越葡萄园和麦田，抵达南海岸的杰拉城。搭载我们的男子认出了我们，我们在阿格里真托一家破旧的小旅馆里见过。他叫费尔南多，是一名来自罗马的商人，经常往返西西里、卡拉布里亚和撒丁岛之间销售穿戴式矫形器材。他穿着得体，体态偏胖，热衷于谈论美食。那天早上，他驱车前往杰拉仅仅是因为那儿的一家餐厅不错。

在这座景色优美的中世纪内陆古城中，我们发现一片杂乱的水边商业区，咸咸的风中还有汽油和垃圾的气味，令我想起了马赛港。在杰拉，随处可见油井设备、汽车店和轮胎店，尚未竣工的公寓区略显荒凉。夜里，男人们在酒吧扎堆，那儿的酒吧不比山上小镇酒馆高雅多少。不过，杰拉仍是我们在西西里遇见的最暖心友善的城市。当地警察会把打字机借给我写稿。海边，一片垃圾遍布的棕榈树和夹竹桃丛边，我记得有一对年轻恋人在公园长椅上忘情地亲热。

杰拉，一个靠石油赚快钱的偏远小城，既不够迷人，也不够传统，却是西西里最为古老的城市之一。公元前 688 年，来自罗德岛和克里特岛的殖民者建立了杰拉，后来，是杰拉公民创建了亚克拉加斯。当地的专制君主吉隆对于形成海港的海滩斜坡不甚满意，于公元前 5 世纪初期占领锡拉库萨，并将其打造为古代最为优秀的港口之一。杰拉还是剧作家埃斯库罗斯离世的地方,其墓地成为同时代作家的朝圣地。去世前,他刚刚在杰拉完成了悲剧三部曲《俄瑞斯忒亚》。接下来的几天里,我在冬日暖阳里缓了缓,除了在海滩港口闲游,我甚少活动,而且成功锁定了一个有打字机的地方。我决心再读一遍《俄瑞斯忒亚》三部剧,尽管大学时期对之印象寥寥。

自西西里东海岸到锡拉库萨的列车行程长达数个小时。在我们能安心坐下来看看窗外寂静风光前,登上列车的过程依旧喧闹嘈杂。在莫迪卡站,我想起西西里的一家祖孙三代——老人、身穿制服的男子、小女孩,三人都噙着泪与一位亲人吻别挥手。途经其他风尘仆仆的寂寥小站时,能看见常春藤覆盖的遗迹里点缀着仿造的希腊雕像。我发现,途中的景致无论棱角鲜明还是柔和自然,都如同旅途中遇见的新朋友,很快,你会别过这个朋友,再遇另一个新朋友,这便是对人类历史性磨难的总结。

要从城区去锡拉库萨自古以来的核心区奥提伽并不远。作为锡拉库萨大港的一部分,奥提伽岛孤悬陆地之外,长不过1英里(约合 1.61 千米),宽不过半英里(约合 0.81 千米),同市区一水相隔,狭窄的水道上悬有桥梁。我极少遇到像奥提伽这样让人一见钟情的地方。它像一座由矮房构成的玩具城市,几乎可以从这端望穿另一端。这里弥漫着鱼和咸水的味道,风中还有大海的呼吸声。奥提伽以其良好的港口为荣,尽管不远处海浪汹涌,港口却总能给人一种安全感。在我去过的西西里各地中，奥提伽的变迁最不明显。在大海的摇篮中，奥提伽的街道仍保有小型社区那种亲密、安逸的感觉。即使是在今天看来，在冬季更是如此，奥提伽港口仍散发着困顿潦倒而又睦邻友好的渔村气息。沐浴在充足阳光下的石砌建筑在港口水面上投映出化学物质般的奇妙色彩——碘和苦艾酒的水红、钴和橙子的蓝黄。椭圆形的竖框窗仿佛是许多双美好的眼睛和许多张微笑的脸蛋。黑圆卵石铺满了街道，花卉攀架点缀了屋顶。弯曲的栏杆则让我想起美国诗人华莱士·史蒂文斯的诗。诗中提到理发师的作品只是短暂停留于世，那么我想这些如同精美卷发的栏杆便是不朽的留存。

公元前5世纪末期，锡拉库萨及周边城邦的繁荣达到全盛期。锡拉库萨拥有数万城民，应当是彼时人口规模最大的城邦。公元前733年，科林斯殖民者创建了锡拉库萨。这里谷地肥沃，有天然港口庇护，附近一座小岛上还有淡水泉眼，正是这一切吸引了科林斯殖民者。自创建以来，锡拉库萨维持了五百余年的独立，直至在第二次布匿战争中落入罗马人之手。就历史的丰富程度而言，锡拉库萨足以同雅典媲美，仿佛整个拜占庭或奥斯曼帝国的历史都浓缩进了西西里的这座城邦中。

锡拉库萨的盛世起始于吉隆将权力的中心从杰拉转移至此，公元前480年，在希梅拉之役中得到亚克拉加斯的声援，他们击溃了迦太基人。这无疑是对布匿权势（即迦太基人）的第一次沉重打击。由此锡拉库萨进入繁荣发展的时代，开始兴建神殿，兴修港口。吉隆之后，其兄弟希伦一世继位，供养了诗人品达及剧作家埃斯库罗斯。埃斯库罗斯在杰拉度过最后的时光前,在锡拉库萨创作完成了《被缚的普罗米修斯》。希伦一世之后,其兄弟色拉西布洛斯继位。这是一个极其残酷的暴君,以致逝世 200 年后,城民仍然大肆欢庆他的死亡。不过也是这些专制君主将锡拉库萨建成一个新兴的强国,引起了雅典的警惕。正如修昔底德的编年史记载,后来雅典入侵西西里,公元前 413 年,锡拉库萨在港口击溃了雅典舰队。

尽管锡拉库萨最终获胜,但是经此一战,也是元气大伤。迦太基人趁势进攻西西里。公元前 405 年至公元前 367 年,狄奥尼修一世统治期间,修建环城围墙,让锡拉库萨在后面的四次战争中得以自保。狄奥尼修一世拥有一张黄金床榻,由专门的护城河及吊桥保护着。朝臣达摩克利斯奉承其君主为活得无比幸运的男人,于是他让达摩克利斯体验了一把锡拉库萨专制君主的生活。他不但给达摩克利斯美味佳肴,还下令让绝色美女侍奉他,只不过,自始至终,达摩克利斯头上悬着一把利剑,仅以一根头发丝悬吊。"现在你知道我的生活是怎样的了。"狄奥尼修一世对已经被吓得魂不附体的达摩克利斯说道。

另一名专制君主是狄奥尼修二世。他让自己的舅父狄翁去邀请柏拉图来访问锡拉库萨,为自己要成为哲学家国王这件事建言献策。然而狄奥尼修二世行为举止粗俗,柏拉图不堪忍受,拂袖而去。而那令人作呕的舅父狄翁选择篡夺大权。狄奥尼修二世未能如愿成为一名哲学家国王,却变得迟疑不决,成了一个吹毛求疵的知识分子,又无力处理崇高理想同权力现实之间的矛盾。于是，在重新掌权后，他成了更加残暴的专制君主。公元前343年，提莫莱翁继位。提莫莱翁是最受爱戴的锡拉库萨君主，他重建了许多战后被遗弃的希腊城市。

我还了解了又精明又残暴的阿加索克利斯——数十年后，他横渡地中海，袭击迦太基人，几乎见证了锡拉库萨的摧毁。故事太多了，我看得眼花缭乱。在这些令人迷惑的人名和事件之中，有两个事件尤为特别：锡拉库萨和雅典海战导致西西里远征失利，以及两百年后锡拉库萨落入罗马人之手。

锡拉库萨的沦陷发生在希伦二世执政结束之后。希伦二世行伍出身，对锡拉库萨的统治长达41年，其统治时间之长可谓前无古人后无来者。他唆使迦太基对抗罗马，指派科学家兼数学家阿基米德设计武器和城市防御装置。希伦二世让锡拉库萨维持了和平富裕的美好局面。第二次布匿战争爆发之际，希伦二世与世长辞，享年90岁。他15岁的孙子希罗尼穆斯继承了王位。

在长期的统治生涯中，希伦二世始终衣着朴素，一如平民，但他的孙子却锦衣玉食。这个被从小宠溺到大的孩子君主听从于姨妈、姑妈、姨父、姑父，在罗马人开始攻击邻近城镇之际，选择同汉尼拔的迦太基结为同盟。被围困的迦太基人这时迫切想要甩开希罗尼穆斯的傀儡政权，对锡拉库萨进行直接统治。于是，迦太基人派了两名杀手刺杀年少的君主。在君主身亡后的暴乱中，暴民将灾难性政策及无政府状态的账都算到希罗尼穆斯的叔伯姨妈头上，将他们悉数暗杀。这样的事，在希伦二世贤明的独裁统治下，真是闻所未闻。

迦太基人在锡拉库萨城里占了上风，罗马将军马库斯·克劳迪乌斯·马塞勒斯别无选择，唯有动武。围城持续了两年，阿基米德设计的防御装置包括投石器和抓钩等统统派上了用场。公元前212年，疟疾肆虐迦太基，大大削弱了其势力，一名叛国者打开了一道进入奥提伽的城门，罗马军一拥而入。阿基米德在袭击中身亡。隔着两个世纪的时间，李维在《汉尼拔战争》中写道：

马塞勒斯伫立于埃皮波莱高地①，俯瞰着下方的城池——那是那个年代最为华美的城邦，据说他一度掩面啜泣，部分原因是为即将完成的丰功伟绩而兴奋，另一部分原因则是为这座盛极一时的古老城邦深感遗憾。他回想起很久以前，雅典舰队沉没，两支伟大的军队及其伟大的将领皆被消灭，而这座城池在迦太基战事中也安然脱险。他脑海中浮现出锡拉库萨的历代君王，尤其是仍活在人们心中的希伦……往事浮现的同时，他也明白，或许不出一个钟头，这一切都将在熊熊烈火中化为灰烬，于是，他决定为拯救这座城池尽最后一份力量。

啊，锡拉库萨已被洗劫一空，希腊人的财宝纷纷被运至罗马。尽管希腊文化在西西里岛开始式微，但是即便罗马与希腊

---

① Epipolae，位于锡拉库萨城西面，狄奥尼修一世围绕其修建了防御性的城墙。

艺术上的首次交锋是以如此戏剧化的形式出现，希腊文化还是给罗马带来了知识的进步，其影响和地位一直到文艺复兴时期才被取代。锡拉库萨的兴衰，便是古代希腊时代走向落幕的最佳印证，而随之启幕的是罗马的时代。

奥提伽的城市景观精妙地展现出历史的厚重与更迭。在中世纪教堂遗迹周边，鹅卵石底下的深坑里，埋藏着古希腊的诸多遗址。而一切遗址的中心点正是雅典娜神殿。面向一个带有轻巴洛克宫殿风格的半圆广场，神殿内霉迹斑驳。这是一座位于中世纪教堂内部的希腊遗址，属于公元前5世纪，看上去经历了反复刷浆和不断重建，残留着来自各个时期、归属不同风格的7世纪时已经基督教化，而后又改为清真寺，随后才被诺曼人征用并增建了巴洛克式的挡土墙。穿过硕大的双层大门，扭纹石柱构成了第二道入口。殿内饱经风霜的巨型石柱由异教的希腊人修建，中世纪的圣母像旁排列着罗马式拱门。置身于这些堪称历史助推器的宗教信仰中心，我认为，如果这座庙宇的修建是基于热情高涨的炽热信念，那么人类的活动又岂能完全根植于理性呢？我们身边就有一位热忱的英国女士不断念叨着"羊皮纸卷"，以此描述眼前的这座建筑。

雅典娜神殿和奥提伽其他的宏伟建筑一样，明显需要开阔的广场，却往往面向的是狭窄的街巷。其间，水果摊蜿蜒摆放，挂着花盆的悬空阳台探出头来，如此，街巷就更显狭窄了。部分街巷通向潮水嗖嗖冲刷的港口，冬夜的港口听起来如同贝壳内部的声响。椭圆形的海港似乎在游艇的桅杆中平静下来，这是一处奇观：一面十分辽阔，令人联想起公元前413年夏天发生于此的壮烈海战；另一面又十分狭小，其间的航程可以在一个人的脑海中完成。破晓时分、微暮之际抑或阴天午后，海港都会变成一个阴郁的大盆，令我们想起这里也是古往今来战士们巨大的坟墓，他们的骸骨早已融入时光的灰烬。英雄人物、骁勇将士、政客名誉、帝国命运，都在诱人的虚无之中消失无踪。

黄昏时分，你简直能在港口听到三列桨座战船破裂崩毁的声音。据军事历史学家维克多·大卫·汉森研究，这些由腓尼基人或埃及人发明的战舰，呈流线型，每一艘由170名水手执桨，能疾速滑行。但船身并不稳定，只要其他船只轻轻一击，便非常容易倾覆，船员会因此倒栽入水。奥提伽岛海岸线弯弯曲曲，形成狭长的开口，锡拉库萨人便用铁链固定成排的战船，堵住了雅典战舰的逃生之路。尼西亚斯登上战舰鼓舞士气之际，在港口对峙的大约有两百艘三列桨座战船。尼西亚斯此番战败是历史性的转折——西西里远征军失利，大大挫伤了雅典后方的士气，为斯巴达在伯罗奔尼撒战争取得最后胜利奠定了重要的基础。结果，波斯成为彼时世界的主宰，也造就了后来亚历山大大帝征服波斯的历史。

一天午餐期间，我们喝了一升葡萄酒。于是，整个下午都处于微醺状态，要么坐在那里眺望海港，要么就在阿瑞托萨喷泉边的饭馆里交替翻看不再新鲜的英国报纸。阿瑞托萨是个古老的淡水喷泉。传说，狩猎女神阿尔忒弥斯将其婢女阿瑞托萨变为淡水，以保护她免受河神的侵扰。喷泉里，鸭子在棕榈和莎草之间浮游，好像游了几个世纪。盯着鸭子看的我们这会儿才发现意式浓咖啡还不够为我们解乏。终于，在夕阳低垂之际，我们想要抓紧跑一趟旅游局和杂货铺。

在旅游局，我们遇到了罗伯特。他是一位年长的风景画家，蓄着白色的长须。他告诉我们，他在巴西生活了20年，几乎游遍了世界，直至前一日才从马耳他搭上轮渡回到锡拉库萨。罗伯特讲意大利语，是位素食主义者，神情有些恍惚。所有这些细节都让我认定他是一名奇特的艺术家。此外，他还住在青年旅馆，我的推论得到了有力支撑。

罗伯特领着我们，去了他朋友朱塞佩的公寓。朱塞佩也是一位年长的艺术家，他向我们展示画作，给我们放映为当地戏剧节拍摄的纪录片。觥筹交错间，罗伯特和朱塞佩向我们大侃特侃艺术、戏剧和锡拉库萨历史。尽管品的是廉价威士忌，但对我们而言，那无疑是一场奢侈的享受。这两位艺术家才华横溢，博闻广识，他们热切地想给两位年轻游客留下个好印象，但其实生活拮据、无人赏识、困顿寂寥，无知如我，也不免为之动容。在朱塞佩的公寓里，一时间，我开始为自己如此漫无目的的地中海之行而感到惊慌，没有固定的工作，也看不见事业前景，我似乎是在虚度光阴。我告诉自己，我得做点什么，却又毫无头绪。

在奥提伽，一座13世纪的宫殿里有这么一幅画卓尔不群。其他画作都在高谈空中楼阁的理想主义—只存在于一个维度的僵化人物或风景，画中每一个人物和背景都仅仅是象征。但那幅画却展现了人们真实的样貌,肮脏而孤寂,如此反而呈现出更具可信度的灵性。那个早上,我见到的画作便是米开朗琪罗·梅里西·卡拉瓦乔①的《埋葬圣露西》。

1571年,卡拉瓦乔出生于意大利北部。根据艺术史学者凯瑟琳·普利西和约翰·鲁珀特·马丁的说法,卡拉瓦乔以快照般的惊人写实风格掀起了画界革命,这也是对理想化的希腊雕刻理论的挑衅与发难。同西班牙画家委拉士开兹的作品一样,有人评价卡拉瓦乔的作品"并非油画,而是现实"。卡拉瓦乔挣开了模式化权威表达的枷锁,将人类的真情实感,例如恐惧、憎恶、吝啬和欲望注入他的画作,英国同时期的学者霍布斯也在哲学上推出了异曲同工的理念。生活中,卡拉瓦乔是个打架斗殴的市井人物:在一次网球赛中,与人起了争执后他杀了一个男人;曾为了女人杀了一个男人;打伤过一名士兵;曾对一位画家同僚大打出手;在罗马,向服务生扔食物,向警卫掷石子。他从不遵纪守法,但其影响力不言而喻。凭借极大的感官刺激和富于戏剧化的明暗对比,卡拉瓦乔成为最初的巴洛克自然主义派先锋人物。他会用部分尤其强烈的光线将主题在阴影中凸显出来,使之有浮雕般的质感。在卡拉瓦乔的作品里,没有阴影就没有光亮。在他的作品面前,画作和观众间的距离完全不复存在——我们仿佛置身画中。透过奥提伽博物馆内的那幅画,我见到了男性化的不安情绪和坦率的悲悯之情,我再度回

---

① Michelangelo Merisi Caravaggio,非常容易同文艺复兴时期的米开朗琪罗·博纳罗蒂相混淆,二者同为意大利艺术家。

想起罗丹的花园。

卡拉瓦乔仿佛是以一己之力向文明条款的路障发起了挑战：1608年，在因谋杀指控而出逃的途中，他由马耳他乘船到了西西里。在奥提伽，他创作完成了《埋葬圣露西》。1609年，他继续逃至西西里东北部的墨西拿，在那里创作了《拉撒路的复活》与《牧羊人的崇拜》。他接着逃窜到巴勒莫，并于1609年末逃至那不勒斯。西西里的古老遗址、采石场和地下墓穴都是他阴暗而恢宏的创作画室。

我端详着那幅画很长一段时间。真迹比我之后在书中看到的光滑的印刷版还要暗沉，其中的褐色也更为深沉。画中的人物统统模糊在一团阴影中，大地和拱墙融为一体。唯一凸显的是掘坟者的头发和肌肉发达的大腿。生命卑微的威严、同命运抗争的磨砺全都在这幅画中体现出来。锡拉库萨的守护者圣露西，躺在地面上。教士身上的红袍是画中唯一的亮色，却仍不失冷峻的气质。红袍周边色彩更暗，我也更为欣赏。要观赏卡拉瓦乔这样一幅画，乍看好像跌入暗室，再等一会儿，双眼适应了这样的光线，才能看清更多细节。

离开锡拉库萨的列车一路向北，接近1.1万英尺（约合3.35千米）高的埃特纳火山映入眼帘。火山斜坡上仍有残雪。埃特纳火山是西西里东部最重要的景致，与其说它是火山，不如说它更像是山神。维吉尔在《埃涅阿斯纪》中写道：

轰鸣隆隆，火星飞溅，

没有什么能够阻挡其迸发……
她吐出岩石,也倾出熔岩。

据说,埃特纳火山喷发出来的熔岩便是《奥德赛》中波吕斐摩斯和其他独眼库克罗普斯人扔出的石块。独眼巨人的故事或许只是个隐喻,可能暗指第一批希腊人在西西里遇到的无序状态,也可能是对埃特纳火山爆发的描述。

我们在陶尔米纳下了车。这个兴于20世纪70年代的度假区已经涌入大量德国观光客,还有许多衣冠楚楚的骗子。可爱的小小滨海列车站,站内铺设了价值不菲的马赛克地砖。大巴向上攀行驶入市区,渐渐地,雉堞围绕的宫殿自岩石间显现出来,高大的棕榈和柏树迎风招摇,一副贵妇人的端庄模样。烟雾缭绕的埃特纳火山占据了整个地平线。除了观光旅行团,陶尔米纳还有一种大款的气派,好像风里面都有数钱的声响。到处都是天竺葵和三角梅,斑驳的墙上也爬满了藤蔓。羊肠小巷里有不少时兴的咖啡馆,消费颇高。古旧的教堂和昂贵的珠宝店相邻。这里最主要的景点便是茜草红的薄石所建的罗马剧场,其地基源自公元前3世纪,奠基者可能是锡拉库萨的希伦二世。石雕和钟楼在不远处,大海和火山在远处。在陶尔米纳,你会觉得自己好像电影里的大人物。即便一无所成,在这里也会感到自己仿佛是成功人士。25年后,看着眼前这些蜂拥而至自由行的年轻旅人,回想起来,25年前的自己似乎也没什么特别之处。

继续向北前往墨西拿的途中，意大利本土出现在狭窄的晶蓝海岸对面。在第二次世界大战中墨西拿是被地毯轰炸摧毁的，这是一座黄褐色的缓坡之城，城内满是战后重建的廉价建筑，毫无动人之处。在信箱里等待开启的信件通知我—本人写的突尼斯凯鲁万游记已遭《纽约时报》退稿。墨西拿美术馆因维修闭馆，多年后，我才得以在那里欣赏了卡拉瓦乔的两幅画作。当我们沿着暗淡无光的大道走去12世纪的诺曼大教堂听下午的敲钟时，我觉得又无聊又情绪低落。那里有六组旋转木马，有一些真人大小的金色形象，有天使和武士，也有马匹和战车，还有窈窕淑女。木马开始在低低的灰色钟楼下转动起来，上方是一座四面塔。洪亮的钟声响起，接着是一阵龙吟，随之又是一阵公鸡啼叫。在美妙的音乐结束时，窈窕淑女鞠了躬。我也意识到，我的西西里之行即将结束。随着身上的钱所剩无几，我在驶入渡轮黑暗船身的火车车厢里睡着了。渡轮载着我们于午夜跨越墨西拿海峡，向着意大利本土航行。

MEDITERRANEAN TER

九

哈德良行宫

在意大利本土，最让我感到震撼的莫过于蒂沃利的哈德良行宫，位于罗马东面亚平宁山脚下。法国作家玛格丽特·尤瑟纳尔在其传记小说《哈德良回忆录》[①]中写道：在这位2世纪罗马皇帝眼中，单单一个愉悦的雅典之晨，便足以胜过其15年的军旅生涯。头天晚上，我住在附近的露营点，次日早晨便去拜访他的行宫遗址，来回踱步的同时也萌生了类似的感受。

20世纪70年代的蒂沃利并无如今这些草率急就的丑陋建筑。这座行宫遗址的规模是庞贝古城遗址的两倍。哈德良行宫遗址就躺在路边，并不声张，在少量凝灰岩堆积的赤土高地上，四周密布着古老的橄榄树、柏树和修剪过的松树，喷泉水池里流水汩汩。雨时停时歇，我躲进塌了一半的穹顶和拱顶之下，后来干脆躲进了地下的展室。后来，我才读到，1803年法国作家夏多布里昂探访哈德良行宫时，也曾被雨困住，也在同样的地方躲过雨。"蜈蚣草的叶子给石砌结构的断壁残垣增添了几分色彩。"他在记录那次旅行时如此写道，"这些植物色泽

[①] 这部作品以哈德良的口吻，采用写给未来继承人的书信形式。

明亮，光滑如缎，如同白色大理石墙面的马赛克镶嵌画。"

网纹石嵌在灰泥墙面上，覆盖厚厚的苔藓，构成一片广袤而迷人的吸积①，仿佛时代的特定场景同过去和未来的情景相互交织，只留下层层图案，就如同大地的多样形态。地板又厚又泥泞，讲述了这里的部分地质情况。板岩与大理石拼花地板的残片仍发出隐隐的光亮。我还记得有一根遗世独立的石柱，色泽灰暗如同静脉曲张的病态象鼻。

透过残破的穹顶，看见天空中白云飘过，如同数不清的永恒形象。这是属于静默沉思的地方，让人想要拿起手头的书开始阅读。每一个角落都是一处回廊。在这里看不到开阔的远景，每个景观似乎都经过了精心的设计。对哈德良来说，正如埃莉诺·克拉克在 1950 年的《罗马以及一座庄园》中所言，随处见水比一览无余的景致更重要。

哈德良行宫是古代的凡尔赛宫。在一片半圆壁龛、前厅、柱廊和水池的遗迹之间，可以窥见罗马广场所没有的精巧壮美，和蒂沃利花园比起来，罗马广场只能算一个废墟的货仓。如果说罗马皇帝马克西米安在卡萨勒的行宫透露出一种粗野的气质，那么哈德良行宫的每个角落都显得精美无比。有学者将哈德良行宫同美国第三任总统托马斯·杰斐逊的蒙蒂塞洛庄园做过对比研究，因为二者都是极尽心思设计的宅邸。就个人化程度而言，二者不相上下。

---

① Accretion，指天体以引力俘获四周物质的天文现象。

借由法国作家玛格丽特·尤瑟纳尔的文字，哈德良的魅力之声穿越千年流传至今：

这座行宫是我游历的坟墓，是游牧民族最后的营地，即便由大理石建造而成，仍不逊于亚洲王国的贵族毡房和亭榭楼台……我望向这座彩色的王国：碧玉绿如深海，斑岩密如血肉，玄武岩好像更为深沉的黑曜石，深红的墙幔上装点了许多精致的刺绣，墙面以及地面的马赛克纹并不过分金黄，也不会过分亮白或灰暗。这里的每一块建筑石料都是一种意志力的体现、一段回忆的还原，每一处的构造都是一场美梦的图景。

埃莉诺·克拉克称这座行宫为哈德良的"回忆录"，比普鲁斯特的回忆录还要复杂，它再造的是君王生活的方方面面。哈德良是个极端的收藏狂，他什么都收藏——每一本书、每一座雕像、每一处壁龛都令他回忆起过去的一些宝贵时刻。"我的私家书房就建在行宫一处水池中央，不过作为避世隐居的地方又不够隐蔽。我拖着这具躯体去到那里，在那里慢慢变老，也在那里身心煎熬。"克拉克笔下的哈德良如是回想。一道护城河环绕下的圆形迷你岛屿便是哈德良皇帝退隐之所，刻有曲线图纹的爱奥尼亚式纤细石柱讴歌了创新的精神和纯粹的希腊。希腊给世俗的罗马人哈德良以灵感，正如欧洲为许多美国人带来灵感。希腊人所缺乏的是水，但在这里，哈德良让它取之不竭。

按照克拉克笔下哈德良的说法，一个人真正意义上的出生地便是"一个人第一次以智识审视自己"的地方。青春则是"无影无形、混沌不清、未经雕饰的时期，脆弱而不稳定"。不过此番评判多少有些过犹不及，因为人们年轻时会被诸如密特拉①的教派所吸引，彼时仍是名年轻军人的哈德良便深受影响。而所谓故土，或许并不是一个地方，而是一本书，抑或短暂的记忆。

哈德良行宫收藏了汗牛充栋的书籍，都是他在旅途中所得（他的藏书癖甚至影响到雅典，雅典还有以其命名的图书馆）。哈德良行宫内的图书馆、希腊雕像和景致的重建皆是为了纪念这位年迈君王昔日的游历经历。这是哈德良精神和知识的纪念碑，正如弗洛伊德图书馆代表了弗洛伊德的精神和知识。一手护住油灯，哈德良或许会在一座普拉克西特列斯的雕像前驻足，感念起他已逝的情人安提诺乌斯，二十余年前，这名较他年轻的男子在与之同游途中，溺毙于尼罗河。

首次造访哈德良行宫，我印象最深的便是克诺珀斯池，其名取自埃及亚历山大运河与尼罗河的交汇点。水池狭长，转弯急促，四周松柏成荫。4世纪，希腊历史学家阿米亚诺斯·马尔塞林努斯以拉丁文写道，埃及此处的交汇点"因其动人的美景、柔和的空气和宜人的气候，堪称最令人心旷神

---

① Mithra，古代的秘密宗教，兴盛于公元前1世纪到公元5世纪，其崇拜的密特拉神源自史前文明社会的雅利安人。该教派只接受男性入教，在罗马士兵中十分流行。

怡的地方，来者皆以此为世外桃源"。哈德良则以这种埃及传闻为这个举行深夜宴会的水池加冕。水池旁摆设了女像柱，经典希腊雕像的罗马翻版以及纹路凹凸的大理石鳄鱼，令人想起古埃及。由于雕像都面向池水，都只能由对岸看到正面，所以不是哪一座雕像比较突出，而是所有雕像都有机融合入景。池中的洲渚之上，落叶堆叠，令人看得忘我。这里的每一处景致都是整体盖过部分的存在。

一般认为，哈德良诞生在西班牙南部的一个罗马移民家庭。他是其父表亲罗马皇帝图拉真的拥趸。不到20岁的哈德良已服役于巴尔干半岛的罗马军队，31岁时晋升为下潘诺尼亚（今天的匈牙利西部、奥地利东部）的总督。而后，他又升至雅典的执行官或首席地方官级别，在雅典他形成了自己的亲希腊精神，从此一生受其影响。图拉真身体抱恙从东方返家时，将军权交给了哈德良，并晋升其为叙利亚总督。117年，获悉图拉真薨逝的军队将哈德良捧上皇位。正如罗马神学家德尔图良所言，哈德良是"任何有趣事物的探索者"。121年，骨子里就是个旅人的哈德良开启了4年的列国之旅。他踏遍了高卢、德国、大不列颠（并在此修建了以其命名的边界墙）、西班牙、北非、希腊、巴尔干半岛和小亚细亚。返程途经西西里时，他还攀登过埃特纳火山。128年，他又开启了一趟4年之行，他这次走的是地中海东部的黎凡特地区，经由小亚细亚和叙利亚，从希腊走到了埃及。

哈德良是第一个蓄须的罗马皇帝，这也是他效仿希腊风尚的表现。在那个年代,他算是开明的统治者。学者威廉·L.麦克唐纳及约翰·A.品托认为:"他改善了奴隶的境遇,废除阉割礼,总的来看,他是个机警而反应迅速的统治者,对他而言,法治几乎向来是终极权威……在无休无止、令人压抑的专制故事对比之下,他与那民怨载道的暴君划清了界限。"

同世界上所有统治者一样,哈德良原本想要建立世界的范式和秩序。想象一下,哈德良周游列国,故土却内困外患——同罗马争夺权力,修建大不列颠国境墙工程,解决平定中东边境的难题,以及同那些他认为阻碍了进步的反叛基督徒和犹太人斡旋。历史属于伟人们,蒂沃利就提供了这么一个直观了解其中之一的机会。

MEDIT✝ERRAN
戴克里先宮
EANWI
NTER

在亚得里亚海，我第一次感受到来自东方的神秘气息。我孤身一人从蒂沃利搭上便车一路向东，视线内接连不断闪现的亚平宁山脉植被稀疏。越过山脉，抵达佩斯卡拉[①]，港口附近有一处营地。翌日，几近黄昏时分，前往南斯拉夫的斯普利特[②]的轮渡才开航。当船以20海里（约合37.04千米）的时速跨越125英里（约合201.17千米）的海域，夜已过半。抵达斯普利特港口，走下跳板，风灌进我的双耳，眼前荒凉的线性构图让我顿觉寒意袭来：一块黑水指向大片青石板，低矮简陋的建筑群之间显露出列车轨道的踪影，一座墨色钟楼矗立在淤紫天色之下，街灯则显露出这里微弱而不稳定的电流。

我发现一个"IZLAZ"（出口）的标识。棕榈树在风中摇摆，查验护照的海关人员嘴里吐出令人费解的斯拉夫语系音节，如同好几扇门被撞开的哐啷声，劈头盖脸袭来。那一刻，我全然没有"活到老学到老"的心思，反而一心想着继续向东、向北走。就这种语言而言，谈不上美丽动听，评其奇特怪异更

[①] Pescara，意大利中部城市。
[②] Split，今克罗地亚的历史名城。

合适。沿着港口继续往集镇走,我找到一座小公园,躺在长椅上过了一夜。一阵温和的风拂过,温暖地包裹着我,好像身边的一切都是那么友善。那样的夜晚让我想起英国诗人奥登《旅行者》中最后几行诗句:

城市像簸箕般盛着他的情感;
人群不怨一声地为他让开,
因为大地对人生总能够忍耐。①

天色渐亮,一些甩卖旧衣物的流动塑料摊位出现了。远处是连绵的迪纳拉山以及高大古老的城墙——围着斯普利特老城区罗马皇帝戴克里先宫的宫墙。将背包寄存在火车站的寄存处后,我在附近的旅店吃了顿早餐——寡淡无味的茶和马马虎虎炒的油亮鸡蛋。旅店墙上挂着褐色的机织毯子,照明灯是巧克力色的黄铜装置,仿中世纪的风格,这便是我对南斯拉夫政治家铁托的共产主义的第一印象……在西西里,北非频频致意;在南斯拉夫海岸,则有巴尔干和亚洲的魅影。在西西里,混杂多样的文明集中在考古遗址、教堂和博物馆之内,现实生活又无可辩驳地属于当代意大利。而在这里,混杂多样的文明无所不在,尤为惊人:那家旅店流露出一种完全脱离传统的粗鄙,但其对面的广场又是纯粹的威尼斯式,带有双拱门和漂亮

---

① 穆旦(查良铮)译。

的红土立面。斯普利特存在一种原始感，那是一个世界开始、另一个世界结束的气息。

我信步来到一座公园，到处是遗迹，西洋杉随处可见。教堂钟声响起，划破了空气。戴克里先宫的陈旧北墙出现在我眼前，厚达7英尺（约合2.13米），高达50英尺（约合15.24米），灌木自裂缝中钻出，加之被砖块封了多年的拱窗，墙面坑坑洼洼。石料来自附近一座名为布拉克的小岛，大约15个世纪后，华盛顿特区白宫的石料同样来源于此。顺着墙面往上看，我看见石块越来越小，其排列也越来越没有秩序。这面墙便是一段更迭的历史，罗马被拜占庭取代，拜占庭又被后面的朝代层层替换。戴克里先并非是这里的唯一居住者，西罗马帝国倒数第二位皇帝朱利乌斯·尼波斯遭遇叛乱后，从拉韦纳[①]逃来此地。尼波斯就此居住5年之久，直到被自己手下的士兵杀害。穿过一道装饰浮夸的大门，我立马跌入峡谷般的幽闭巷道，两边的岩石都因为年代久远而发黑。

就在那时，我遇见了通向皇宫内廷的肃穆通道——列柱回廊。先前的幽闭巷道因浸过石子路面的积水戛然而止。我看见了一座三面列柱的罗马建筑物，其上加盖有中世纪威尼斯式建筑。我感觉自己踏入一场名为"历史"的绝妙沙龙，"历史"是当下我脑海中唯一能想到的词语。左面是一排单调的六柱式粉色花岗岩埃及石柱，撑着多处焦痕的白骨似的带状和叶状装

---

① Ravenna，意大利北部城市。

饰板。其中两柱之间的台面上，立着一座满身裂纹的黑色花岗岩狮身人面像，是戴克里先连座带柱从埃及运回来的。在6根粉柱后方，24根硕大的八棱柱环绕着戴克里先的陵墓和神庙。7世纪，这座陵墓被改作大教堂。到了中世纪末期，这里还加建了一座罗马风格的钟楼，正是前天夜里我在深沉夜色中看见的那一座。

由巷道进入列柱回廊右侧的一排柱子之间，有几所豪宅，属于罗马风格和早期哥特风格，门楣和阳台都已被咸湿的海风熏黑。正前方便是宏伟的前厅，由此可进入戴克里先的私人寓所，也是皇帝接见臣民的场所。4根柱子撑起了一面山形墙，其后有两座16、17世纪的礼拜堂。破裂的石板散置于广阔的空间，拜占庭十字架随处可见。

我感到一阵眩晕，双腿因为夜里在公园长椅上断断续续的睡眠而强直麻木。我就这样呆滞地杵在那里，不知身在何处，只知道那一刻荒废了生命。附近有几个穿着灰暗工作服、胡子拉碴的人正坐在廉价咖啡馆里啜饮土耳其咖啡。此外，再无他人。那个当下的斯普利特在我眼中无异于撒马尔罕[①]。

"第一次体验就应该短暂而强烈。"历史学家诺威奇如此说。他在16岁时，曾到访威尼斯数小时，不过这段探寻经历却在日后激发他为这座城市撰写了两卷本的历史书。那是他"仍然感受到——并非记得，而是感受到……"的体验。吉本

---

① 位于乌兹别克斯坦，是中亚古城之一，也是古代丝绸之路的重要节点。

则记得自己1764年在罗马"卡比托利欧山的遗迹间的冥想"，听着"赤脚修士……在宙斯神殿吟唱晚祷"，并由此创作了《罗马帝国衰亡史》。旅行成就了吉本和诺威奇的盛名，但他们并非众多旅行者中唯一受到名胜古迹震撼而进一步探寻文明背后真相的人。

在哈德良皇帝之后150年，戴克里先皇帝于4世纪初统治罗马帝国。如果说哈德良是位崇尚浪漫主义的美学家，那么几乎一生过着军旅生活的戴克里先皇帝则是一个注重具体细节的实用主义者。哈德良的大理石半身像显示着他沉思而专注的哲学家气质；戴克里先的雕像则流露出一种汽车集团总裁般的铁腕人物气势。戴克里先相对严肃而保守。尽管爱尔兰评论家丽贝卡·韦斯特称戴克里先为"绝对强势的军官"，他仍是一名伟大的君主，也是一个谦逊的君主。如果将哈德良的智慧同杰斐逊相提并论，那么可比肩戴克里先的则是艾森豪威尔或杜鲁门。

戴克里先是伊利里亚人，出生于斯普利特几英里外的萨罗纳叶古城。根据吉本的记载，这位是首个来自巴尔干半岛的皇帝，"其卓越盖过了所有前任统治者"，在初期的混乱局势中，他出色地整顿了罗马帝国，可以称之为"新帝国的缔造者"。意识到罗马帝国的疆域已经辽阔到无法一人掌控（彼时罗马帝国的疆域除了北欧和近东大部分地区，还包括整个地中海世界），284年，登基的戴克里先将国土一分为四。戴克里先坐镇小亚细亚西面的尼科米底亚，掌控东方大局，同时委任另一名伊利里亚人马克西米安负责西方，在米兰另立新都。数年后，他又将最初划分的东西两部再度切割，任命加莱里乌斯管控巴尔干半岛，君士坦提乌斯一世管理西班牙、高卢和大不列颠。这样的四分治理框架，终于使得国内恢复了秩序。但是这样一来产生了新的奢侈排场和仪式，代价还是太过高昂。拜占庭标志的秘密和谜题，最初就来自戴克里先在尼科米底亚的宫殿。戴克里先对于国土四分而治的做法令人震撼，但其实只不过延缓了罗马帝国的衰败，并未起到缓和止损之效。韦斯特写道：

> 戴克里先时运不济，无缘浸润于罗马帝国稳定时期的文化繁荣，终其一生都同暴戾为伍。

到其统治末期，因为最后一次基督教大审判，帝国上空阴云笼罩。大审判事实上是由管理巴尔干半岛的加莱里乌斯所执行，他对戴克里先的不流血宣言置若罔闻。结果，诸如北非多纳图的殉道教派抬了头、起了势，随之也引发了基督教对罗马帝国的征讨。305年，戴克里先在其执政21年之际提出退位，由君士坦提乌斯一世和加莱里乌斯继位。戴克里先最后9年时光都在斯普利特自建的宫殿里度过。戴克里先的急流勇退史无前例，令后来者望尘莫及。尽管后期身体上的不适或多或少对他的决策有所影响，但他仍在重重困难之中展现出自身的才智与谦逊，那光辉事迹和责任担当弥补了其文化学识上的欠缺。

我穿过浸水的石板路，跨上前厅的台阶，踏入帝王内殿。

内殿由薄砖打造，为宽阔桶状拱顶，其上马赛克已全脱落，圆顶直通天空。接着，我走进曾为戴克里先陵墓的大教堂，内部同样气派，充斥着军事色彩。教堂的穹顶呈灰黄色调，在光线中变化，令人错愕的是上面空无一物，甚至满是日积月累的烟灰。穹顶旁是两位主教之墓，分属古典风格、中世纪风格。从视觉上展示出历史的延续，让古代不再那么遥远，也因此削弱了神秘色彩。事实上，戴克里先是将宫殿所在的整个地区作为罗马军营来构思的，中世纪时这里布满房屋和街道。在随后的几次访问中，这片狭长壮丽的滨海地带，对我来说成了通过建筑讲述的历史。

素有"山之国"之称的达尔马提亚①原为南斯拉夫的一部分，现属克罗地亚的亚得里亚海岸地区。"达尔马提亚"也用来指称达尔马塔民族，该民族脱离了伊利里亚人（如今阿尔巴尼亚人的祖先），沿着海岸建立了自己的独立政权。公元前4世纪末，锡拉库萨专制君主狄奥尼修一世在附近建立希腊殖民地，引得罗马入侵。公元前212年，罗马征服锡拉库萨后，开始对亚得里亚东岸虎视眈眈，多次在此打击海盗，还多番打压那些同迦太基结盟的马其顿人。罗马人意图征服达尔马塔人和伊利里亚人，战争就此延续了两个世纪。直至公元9年，在一次伊利里亚人叛乱中，终于厌倦这一切的罗马皇帝提比略毅然在波希米亚宣布休战，携侄儿热马尼屈斯南下平乱。历史学家朱塞

---

① Dalmatia，克罗地亚的一个地区，首府为斯普利特。

佩·普拉加写道:"正是从那年起,达尔马提亚便被迫屈从于罗马强权的鹰翼之下。"

476年,西罗马帝国覆灭,哥特蛮族取而代之。直至6世纪初期,查士丁尼一世将达尔马提亚并入拜占庭版图,哥特人的统治才宣告结束。达尔马提亚在地理上临海,同君士坦丁堡遥遥相望,让拜占庭帝国鞭长莫及。不过拜占庭实际上也并未试图控制达尔马提亚。尽管如此,源自罗马的拜占庭文化在这里依旧影响深远。在7世纪的第二个10年,斯拉夫人入侵,这里的古典文明由此结束,彼时,斯普利特才建立。来自迪纳拉山脉的斯拉夫人和突厥阿瓦尔人摧毁了附近的希腊与罗马古城萨罗纳叶,部分罗马化人口逃往海上的小岛避难。他们有的逃至前一个世纪被遗弃的戴克里先宫:难民们瓜分了皇家的套间和前罗马奴隶、仆人以及军队的生活区。街巷也因此形成,为中世纪的斯普利特打造了一个样本。

纵观达尔马提亚的历史,斯拉夫入侵者属于克罗特人——向西散布到喀尔巴阡山脉的民族。不过达尔马提亚的语言和文化仍然在很大程度上受到了拉丁文化的影响,同拉韦纳等意大利城市的联系也持续加强,精英阶层也受到了国际大都市君士坦丁堡的精致生活的影响。在9世纪到11世纪期间,斯普利特名义上都是一座拜占庭之城。然而,10世纪,拜占庭与威尼斯之间的矛盾激化,达尔马提亚沿岸的罗马化居民转而寻求威尼斯的庇护,反过来抵抗拜占庭和以海盗起家的克罗特人。1000年5月,威尼斯总督多杰·彼得罗·奥赛罗在达尔马提亚发起打击沿岸海盗行动,为威尼斯奠定了成为"东方的帝国"的基础。彼时的威尼斯不仅拥有海上贸易强权,在政治立场上也相对独立。在达尔马提亚城邦的挑唆下,威尼斯先是对付了内陆的匈牙利,而后又同内陆的奥斯曼帝国对立。12世纪的斯普利特呈现出达尔马提亚的乱象,正如历史学家普拉加所言:

> 拜占庭长期统治着这座城市,大获民心,以至于公民们竟要求基督教的大主教向(拜占庭)皇帝致意。斯拉夫乡绅们的影响遍及四处,摩尼教、清洁派和帕特林教派等异教徒涌入他们的土地……

最为成功的是罗马的天主教。法国历史学家费尔南·布罗代尔写道,达尔马提亚的天主教"是骁勇善战的宗教,面临着山区东正教的威胁和强大的土耳其帝国的阻挠"。1571年,在土耳其西海岸的勒班陀战役中,达尔马提亚船队协助威尼斯人摧毁土耳其舰队,创造了史上最为壮烈的海战之一。不久后,斯普利特成了威尼斯和巴尔干半岛之间的重要通商口岸,戴克里先宫附近也修建了不少库房和供商人歇脚的旅店。1797年,拿破仑攻陷威尼斯,这个地区的权力重心由此转移。在拿破仑示意下,奥地利接替填补了这里的政治真空。然而,自1808年到1813年,法国直接统治达尔马提亚,其近代化进程项目之一便是兴修道路,但这项计划随着拿破仑兵败滑铁卢而宣告破产。接着便是长达一个世纪的奥地利苛政。直至1918年,哈布斯堡王朝覆灭，达尔马提亚的斯拉夫派意大利人加入多民族联邦南斯拉夫，这种局面才随之结束。

在1970年代，我也并不了解上述历史……20世纪90年代，斯拉夫各民族间为继承权力而进行混战，达尔马提亚已经丢失了其海岸风情和意大利根基，来自波斯尼亚内陆的克罗地亚难民纷纷逃往斯普利特，每个人的脸上都写满了可怖的经历。然而，在2002年，当我最后一次回到这里，港口商船穿梭不断，衣着光鲜体面的人们行色匆匆，在戴克里先宫的城墙下，新建的珠宝首饰店和奢侈品牌服装店鳞次栉比，零售店里还供应进口的奶酪和意大利腊肠，咖啡馆则沿着堤岸排出长长一列。我感觉自己好像从未离开西西里。初访那回，码头一片荒凉，门可罗雀，而今随处可见五彩斑斓的旅店招牌以及内有网吧的小商场。达尔马提亚的全球化进程透过意大利这块棱镜展露无遗。如此的演变并未让斯普利特失去原有的格调，反而令其回归了那种不同教派融合和多种文明共存的亚得里亚海本真传统。海面上船只来来往往，眼前美妙的画面充满了自由的力量。不远处，斯洛文尼亚共和国重返中欧，达尔马提亚则重新回到大意大利文化圈，这种文化上的"认祖归宗"，仅仅是因为意大利在欧盟中不可阻挡的文化影响力。

距离斯普利特数公里外，有一个工厂和汽修厂集聚的工业园区。我在那儿见到一条罗马输水管道，用以从古城萨罗纳叶运水到戴克里先宫。水源自迪纳拉山脚下的天然泉水，山上有牢固的堡垒，堡垒后面是自20世纪90年代起便开始保护达尔马提亚海岸，使其免遭腥风血雨的长长的花岗岩山脊。古城萨罗纳叶的地址是由锡拉库萨的希腊人于公元前4世纪精心挑选的。这里接近水源，循着静谧的柳树成荫的加铎罗河岸，还能望见海洋。2002年，我同一位克罗地亚友人（原南斯拉夫的外交官员）再访这处考古遗址。我们发现，新建的公路和一座水泥厂破坏了原先的景致，我30年前第一次到访时并没有这两样事物。古城萨罗纳叶是一处典型的考古遗址——令人无法言喻，引人自省深思，同时还常常引起一些让人印象深刻的谈话。

这里土壤厚实，为花草植物提供了肥沃的矿物基底。随处点缀着甘菊花，如同仙女的金粉一般亮眼。拜占庭时期的石柱成列排开，支撑着开花的蔓藤，我和友人在萨罗纳叶古老的北城墙上方步行，旁边的输水管划出了城市的边界。下方，还有建于5世纪的长方形教堂和公共浴场的遗迹。无花果树和橄榄树构成了绿色的花式背景，其上还蒙了一层雾气。我的这位友人曾供职于伊朗和印度的南斯拉夫大使馆。1992年，在南斯拉夫内战中，他和妻子断然舍弃了养尊处优的外交官生活，由贝尔格莱德避难至此地，来时只拖了两个随身皮箱。幸运的是他们被当地的亲人收留了。身边有一片废墟和一簇簇植物，我们边走边谈，说到戴克里先冷静清醒的实用倾向、他的从容以及不拘小节，这些对于一名战争时期的领导者而言并不是什么不好的特质。我指出，美国就像是3世纪末期的罗马帝国，军事力量很强大。如果将波斯尼亚附近的美国维和部队改成欧洲的部队，以那样的军事优势，结果必定讽刺。我解释说，向近东单独施展武力,美国认为不在话下,因而也认为同北大西洋公约组织保持紧密联系并无必要。在巴尔干半岛卸下重任,这便是美国惯用伎俩,以此促进其欧洲盟友的发展……但那位友人则担忧,如果美国不再干涉波斯尼亚战事,那么偶尔会同塞尔维亚合作的法国人将势力大增。"不管怎么讲,"他说,"克罗地亚和塞尔维亚政府要比过去几年好太多了……意大利的自由主义影响在斯普利特日益壮大,确实如此,但是波黑军队和难民的涌入将会使我们的境遇再倒退数年。"……这片广阔的高地遗迹,在某种程度上为我们带来了从未有过的体悟,而其间的种种遗址有如压在我们良知上的重担。

初次来到斯普利特的那次,疲惫不堪的我风尘仆仆地由皇宫的北大门踏进老城区。我记得当时自己瞧了一眼公园里已经覆了铜绿的雕像,那是10世纪克罗地亚爱国者,宁恩的格里高利主教。格里高利主教鼻子很尖,戴着一顶尖帽,十指如同利爪,他坚定地凝视前方,显示出一种别扭的僵硬之感,好像在希腊钱币上刻画的宗教民族主义人像。这座雕像具备罗丹的力量感,却未传达罗丹作品中普遍存在的苦难情怀。这座雕像的创作者伊万·梅斯特洛维奇仍面临着家国纷争,无论从什么角度看,他都是不折不扣的克罗地亚人,一如罗丹是个彻头彻尾的法国人。

1883年,梅斯特洛维奇出生于附近的小山村。15岁时,他便跟着斯普利特的一名石匠做学徒。他天资不俗,很快,一位奥地利富人出资让其赴维也纳深造艺术。正是在维也纳,他和罗丹成了朋友，并且受罗丹影响，他也搬至巴黎。1908年，他在巴黎的蒙帕纳斯区租了间工作室。身处异国他乡的梅斯特洛维奇就在那里开始代表独立的南斯拉夫各运动团体，集结了克罗地亚人、塞尔维亚人和斯洛文尼亚人，他也就此成了奥地利哈布斯堡王朝的眼中钉。他的作品中，有一尊萨格勒布主教约瑟普·特洛斯梅耶的雕像，约瑟普是克罗地亚人，却素以开明的态度对待塞尔维亚东正教，并以此享誉。这个作品也是梅斯特洛维奇自由派倾向的印证。第一次世界大战后，梅斯特洛维奇返乡，彼时的南斯拉夫已由哈布斯堡的废墟中涅槃重生，成了新的国家。之后第二次世界大战爆发，法西斯笼罩克罗地亚，梅斯特洛维奇先是被捕，最后遭流放。后来，共产党执政，他将自己的许多作品送回斯普利特，但其本人再也没有返乡。

在俯瞰地中海的梅斯特洛维奇博物馆的花园里，可以见到不少女性裸体雕像，展现出一个在大众所熟悉的作品中所不曾见到的，更为私人化也更具国际特色的梅斯特洛维奇。同罗丹一样，梅斯特洛维奇可以用一个简单的姿势传递出完整的观点。其作品《希望》是一尊伸长脖子面向天际、双眼合拢、两手紧握的女性半身像；其作品《工作》则是具从极度痛苦的身体中挣脱出来的骸骨；作品《坐着的女人》同罗丹的《老妇人》相似，不过前者只流露出了悲伤的情绪。囿于出身和时代背景，梅斯特洛维奇没有罗丹那种全然沉浸忘我的奢侈嗜好。但是，在这座花园中，你能体会到他的人道主义理念，突破了时空的界限。

十一

杜布罗夫尼克的振兴

达尔马提亚好像美国的缅因州,不过前者更为平坦,阳光也更灿烂。二者拥有的迷人海岸和岛屿群同样令人震撼。冬天的达尔马提亚如同西西里,杏树林开花,其间点缀着一些橄榄树、龙舌兰、无花果树和菊蓟。这里的文化受到意大利和中欧哈布斯堡帝国的影响,还带有更为混杂的土耳其和斯拉夫特性,让人难以归类。阳光普照港口,你可以在棕榈树下享用匈牙利大餐。

特罗吉尔古镇被海洋围绕,道路蜿蜒迂回,位于斯普利特北方,相距半小时的车程,那里充分体现出这条海岸线的闲适安逸。城内随处可见咖啡馆和可爱的植物:茂密的铁杉、白杨、枣椰和开了花的紫荆。在特罗吉尔,一面是大陆,另一面是一座较大的岛屿,二者由一些小桥相连,给我一种人可以走在水面上的错觉。明朗澄澈的海峡呈现出浅浅的大理石蓝色,在明媚的阳光照耀下,抹净了地平线上破旧的工厂和废弃的汽车,让大地恢复了理想状态下的纯净。房屋的红瓦屋顶和雪茄色的墙面倒映在水中,如同果冻。几座花哨的小艇码头四周围绕着坚固的碉堡。空气中弥漫着海草的气息。当地人讲的克罗地亚语和黑山共和国古城科托尔的居民讲的塞尔维亚语以及贝鲁特人讲的阿拉伯语一样，都是轻快活泼的调子——不知为什么海边城市总能软化语言。沿着特罗吉尔的码头行走，喝着在用完晚餐和葡萄酒后侍者赠送的白兰地，眼前有帆船划过，脑海中不禁浮现亨利·米勒那句乘船驶入希腊波罗斯岛的名句："缓缓驶过波罗斯的街道，如同重获通过宫颈的愉悦，这种体验极致到令人忘我。"

特罗吉尔的建筑具有威尼斯文艺复兴的儒雅，同达尔马提亚相似，这座美丽的古城点燃了我对威尼斯的勃勃兴致。这是一座具有拜占庭色彩的城邦，历史悠久，同君士坦丁堡及锡拉库萨一样充斥着阴谋，政治和社会的交织，不但体现在其水域地理的特征上，还通过选举制度、延续千年的寡头政治表现为有限而可贵的民主色彩。虽然不是警察国家，但它的军事安全单位与商业团体密不可分。由达尔马提亚延伸到巴勒斯坦，威尼斯拥有希腊伯罗奔尼撒半岛及基克拉迪群岛作为抵抗土耳其人的堡垒，此外，凭借流血战争、贸易往来和情报搜集，这座城市大获全胜。"不同于欧洲各天主教的政权，"诺威奇写道，"它从未火焚过一个异教徒。"威尼斯是对宗教包容并蓄的城市，但世俗政权则由过度伪善的教皇们掌控着。据称，13世纪末，威尼斯旅行家马可·波罗出生在达尔马提亚的科尔丘拉岛，位于斯普利特和杜布罗夫尼克之间，我曾经从斯普利特乘坐巴士前往科尔丘拉岛，花了5小时，那里简直就是威尼斯的缩影。

首先，你会注意到气候断层带的戏剧性，一种哥特式的冰冷的亲密感——深色的橡树和柏树既冷峻又漠然，背景则是波光粼粼的夏季海洋。然后，当你绕过一道壁立的悬崖，杜布罗夫尼克几乎像哲学家理想中的美一样出现在你眼前。成片的屋顶被宏伟的堡垒围绕：堡垒之外，一面是海洋，一面是高山，背景则是若隐若现的成群岛屿。

亚得里亚海会让人联想到世界中心之外的地方。欧陆本土遍布闭塞的峡谷和村庄，距离海岸仅几英里之遥的山脉横亘于波斯尼亚和黑塞哥维那之间，成为一道民族的分界线。杜布罗夫尼克的堡垒墙垣层层排列，高达 100 英尺（约合 30.48 米），厚 20 英尺（约合 6.10 米），其间塔楼矗立，在历史进程中抵御了来自海洋的别国威胁和来自内陆的凶险袭击。国民自由需要军事策略保障，这是杜布罗夫尼克警示世人的历史教训之一。

夜幕降临，我走向老城区。玩具模型一般的游船塞满了黄昏中别致的小港口，浮在铅灰色的水面上。然而这样的杜布罗夫尼克却不太具有美感，因为它过分真实，一如我在西西里见到的许多古城要塞——带走廊的旧屋顶中伫立着钟楼，这正是莎士比亚戏剧绝佳的布景。

天空一片黑暗。那是个寒冷的 3 月之夜，球形的灯照亮城墙，我走过吊桥，进入普洛切门，杜布罗夫尼克的守护者圣布莱斯在上方的壁龛中守护着我。我走入一处高深的隘口，城墙凝视我的左肩，而本笃会男修道院的高墙则在右边几英尺外凝视着我。随后视界逐渐开阔，哥特和文艺复兴式的斯蓬扎宫，带着环形广场以及 15 世纪的喷泉出现了。中世纪骑士模样的石柱立在人行道中间。孩童们踢着足球，有的踩着滑板从我身旁溜过。老人们和小情侣则挽手散着步。

广场向前无限延伸便是史特拉顿大街，那是杜布罗夫尼克的主干道，细致的石板路面闪闪发亮，好像灯光下的玻璃。史特拉顿大街建于1667年的地震之后，如今已是咖啡卡座和大同小异的巴洛克商场林立，一如意大利风景画家卡纳莱托作品中采取直线透视法画下的城市景观的华丽场景。教堂钟声传来，咖啡座上的人们仿佛一下子穿越回了数百年前。我信步踏进这里的阶梯巷子、商铺和亲切的街头酒吧。路面整洁地铺满了石子，屋瓦别具一格，装了框的照片闪闪发光，这一切整体散发出浓郁的别致城市风格，也是我后来在掩藏于山脉后方的内陆城镇所不曾见到的。在一片孤寂的路灯映照下，一对男女走来，然后相拥。杜布罗夫尼克有一个完美的城市规划，在寒夜中依然人来人往。

几乎每次向上望，我都会看到圣者雕像，通常是单手抱着杜布罗夫尼克模型的圣布莱斯，一副将从教堂上纵身而下，跳入空中，融入人群的模样。

熙熙攘攘的人群衣着时尚。20多年后，我从萨格勒布直奔杜布罗夫尼克。萨格勒布是克罗地亚的首都，位于巴尔干内陆，人口100多万，却不敌老城区寥寥几千人口的杜布罗夫尼克人声鼎沸。这里也掺杂了地中海风格：男人们穿着套头衣衫，裹着军大衣；女人们身着带有毛皮边的大衣外套、黑色长袜，化着夸张妆容，戴着昂贵墨镜，喷过啫喱水或泡沫发胶的头发

锃亮。再访杜布罗夫尼克也是在 3 月,我走进一家营业到很晚的商店,同一个打扮时髦的女子谈起政治。她告诉我:

"我们是精明的外交官,或许渴望再度独立。自 1991 年的战争后,我们开始处于萨格勒布的统治之下,但萨格勒布政府内都是黑手党和来自黑塞哥维那的克罗地亚农民。没错,我们也是在杜布罗夫尼克的克罗地亚人,但这儿的人们渴求都市生活。我非常想念那些接受过良好教育的塞尔维亚人,曾经每到夏天,前来度假的都是来自贝尔格莱德上流社会的人。底层社会的人可能是民族主义者。如果杜布罗夫尼克再度独立,那么我们也许会富裕起来。"

杜布罗夫尼克是塞尔维亚 - 克罗地亚语名词,或原指附近的杜布罗夫尼克森林,但直至 20 世纪,"杜布罗夫尼克"才成为这里的名称。在那之前,将近一千年的时间内,这里仍是独立的天主教城邦,以航海为业,其名为拉古萨共和国。传说"拉古萨"这个名称源自伊利里亚文,但第一次世界大战后,新上台的南斯拉夫政府因为"拉古萨"听来太意大利了,便将此地正式定名为杜布罗夫尼克。拉古萨击退萨拉森人,受到西班牙和梵蒂冈的煽动,不断试图脱离威尼斯、哈布斯堡帝国和奥斯曼帝国的统治,并在其间挑拨离间。独立的拉古萨是前往东方的门户,商队就是从这里出发,穿越门的内哥罗(今天的黑山共和国)、科索沃、马其顿和保加利亚,开启了 5000 英里(约合 8047 千米)的跨洲之旅,前往君士坦丁堡。拉古萨有强大的海军,在地中海所有重要港口中都拥有自己的货栈。

19世纪，拿破仑战争后，拉古萨沦为哈布斯堡帝国的附庸。

布罗代尔写道：拉古萨是"威尼斯的化身"。拉古萨的商贾活跃于巴尔干和地中海东部的各大城市，掌控了西西里小麦和食盐的运载权，穿越第勒尼安海，远至西班牙，收益则载回那不勒斯、罗马和威尼斯。在教皇和土耳其苏丹间，拉古萨保持中立，因而其商船能在双方的地盘都畅行无阻。

在西欧仍处于蒙昧时期之际，拉古萨早已贯彻落实启蒙思想。1389年，随着土耳其在科索沃的石灰岩盆地击溃塞尔维亚人，拉古萨人庇护了战败的塞尔维亚王公们，即便他们还是土耳其的盟友。1417年，拉古萨废除奴隶制度，而当时的地中海地区仍以奴隶贸易为暴利行当。15世纪，拉古萨构建了医疗服务系统和免费的公共教育。16世纪，拉古萨开始推进市区的废弃物处置计划和城市规划，威尼斯式的夸饰奢靡得以削减，其中，史特拉顿大街两旁林立的朴素墙面也是从这里规划整齐的。这种被称作辉格党式的自由主义建立在刻板独裁、外交诡术和声势浩大的防御城墙之下，拉古萨是最先进繁华的商业城市代表，而其贵族式的激进主义则代表了知名人士在道德或慈善上应尽的义务。的确，这座城市的历史告诉我们，"民主"或"独裁"等划分，都远不及那些统治精英的价值观来得重要。

中世纪的拉古萨的故事恰到好处地说明了社会关系和治国之道是一个两害相权取其轻的问题。唯有理解这一点，才能让人数处于劣势的人群保护好自己。等级制度隔离了贵族、平民和工人，拉古萨明令禁止不同阶级的人通婚。爱尔兰作家丽贝卡·韦斯特在其讲述南斯拉夫历史地理的百科著作《黑羊与灰隼》中曾指出，这种等级制度也是符合实际的事情：

各个贪婪的帝国对共和国虎视眈眈，若她不能在其间斡旋得当，与诸强保持一定距离，那么随时可能有灭顶之灾，外交也是她的内政，皆需极度机密和审慎。绝不能让一个帝国知道自己和其他帝国之间的承诺，共和国实际有多少资源也作为绝密不能泄露给贪得无厌的帝国团体。因此，务必要配备一支享有绝对特权的管理团队，让其不惜任何代价维护国家现状，而其外交才能也要能够世代相传，同时人数要严格控制。如此一来，一旦泄密，也易于开展侦查。

据说，在15世纪，这个城邦人口众多的公民中，只有33个贵族家庭，如此一来，可以轻松监督统治阶层。拉古萨实行领导集团制，因而并没有哪个单一个体能够主导支配。教区长相当于首相——身着红色丝质罩袍，配着黑色天鹅绒披肩，通过选举产生，任期仅为一个月，再次参选则须待两年后。在职期间教区长除了庆典时可以出现在公众视野中，其他时刻则全然禁足于官邸。这是威尼斯体制的变体——大权掌握在十人议会手中，十人议会由选举产生，任期一年，而这十人互选产生三名领导者，任期亦均为一个月。

尽管马基雅维利并未在《君主论》中提及拉古萨，但是拉古萨那种提倡变革的辉格党式政府似乎很好地阐述了其书中所论——致力于自我防御的漠然以及贵族般的态度。在拉古萨，即便是对天主教的热忱，也不过是试图争取西班牙和梵蒂冈两个强权帮衬的自私考量。无论如何，如果拉古萨的贵族对信奉东正教的臣民再宽容一些，那么在1815年维也纳会议中被划归奥地利时，他们或许还能获得东正教俄国的一臂之力。然而在那以后，拉古萨再也没有独立过。

教区长的宅邸混合了哥特和文艺复兴两种风格。在装饰着镀金镜子和那不勒斯风格的蓝黄双色彩陶的屋宇中，拉古萨的统治者履行一个月的职务。身处其间，我不自觉地被拉古萨的贵族画像吸引，其名皆以意大利文和斯拉夫文标注，他们审慎的神情流露出一板一眼的顺从，颇有修士团的风范。多年后，1991年10月和12月之间，以及1992年3月，塞尔维亚的炸弹投到老城区。15世纪的城墙和17世纪的石板路（特别是由精明的企业家斥资建造的史特拉顿大街）全被击中，满目疮痍。1998年，我曾在堡垒城墙上方漫步，凝视着塞尔维亚轰炸的残局。

我俯身细看不计其数的屋瓦——地中海真正意义上的建筑灵魂，展现出法国画家埃德加·德加所谓的"时间的耐心磨合"。如同岩上的化石，显示了季节的痕迹：湿冷的冬和灼热的夏，织就了令人难忘的精妙色调。这里呈现出栗色、土黄和闪亮的赭色，都是长期海风润泽和真菌滋生的结果。因为年代久远，屋瓦已经变为蚀骨的白，从远处看来近乎柠檬黄色。不过，在

中世纪时的东罗马帝国首都和东正教的中心——君士坦丁堡

中世纪，拜占庭帝国首都君士坦丁堡地图

1453年，奥斯曼土耳其帝国攻陷东罗马帝国首都君士坦丁堡（后改名伊斯坦布尔）

雅典卫城遗址

协和神殿

克罗地亚杜布罗夫尼克

萨拉米斯海战

卢浮宫

希腊科林斯运河

突尼斯古罗马遗址

突尼斯古罗马遗址

突尼斯迦太基古城遗址

马赛

克罗地亚达尔马提亚特罗吉尔

突尼斯奥克白清真寺

扎马战役中会面的汉尼拔和大西庇阿,弗拉芒地毯,藏于意大利罗马奎里纳尔宫。汉尼拔(前247—前183),迦太基统帅;大西庇阿(前235—前183),古罗马统帅和政治家

片刻无与伦比的绝美体验后，我看到了更多细节。

许多屋瓦是新的，西红柿般的色斑标记着塞尔维亚炸弹毁掉的地方，因为被摧毁所以需要更替，而且没有那么年代久远，还未变旧。眼前是整齐划一的同色系，令我想起彼时正从废墟中涅槃重生的多民族国度南斯拉夫，向部落统治阶段的克罗地亚招手，将杜布罗夫尼克的克罗地亚化倾向微妙地由国际化混合体转向刻板的国家主义统一体。当地舆论和几经修订的旅游手册无不偏向老城区的政治独立传统以及同意大利、达尔马提亚等地紧密的关联，而少有提及其与萨格勒布相关的克罗地亚历史。

杜布罗夫尼克兼容并蓄。踏入本笃会男修道院内的博物馆，里面 15 世纪纽伦堡铜铸酒壶、16 世纪法兰德斯的基督与圣母双连画和匈牙利、意大利大师的作品，在画家提香的天使图点缀下，都不会显得太突兀。本笃会教堂里的白色墙壁上空无一物，因而别具一格的哥特式正门更为醒目。同我在意大利所见的众多教堂一样，本笃会男修道院的回廊是 14 世纪的罗马式风格，精美的花园中立着一处石砌喷泉、一棵利落大方的柠檬树，我再次感受到地中海风格盖过巴尔干风格的魅力。巷弄幽深，迷宫一般的布局沐浴在阳光下，在橙花和正在晾晒的衣物间更为柔美。

作为观光最后一站，我去了大教堂旁、位于老城区的本地农贸市场。市场地面上铺设了石板，四周是历经风吹雨淋的巴洛克建筑，场地中央则是本地人伊凡·冈都利克所创作的一尊神色得意的雕像。身材丰满的围裙女子打开一瓶放了药用香草的白兰地，倒了小杯给我，而后又给了我一杯滋润的无花果汁。已是上午 9 时，白兰地像有香味的火焰般迅速充溢了我的头部和胸腔。她笑了出来。每天上午 11 时 55 分，这座市场的屋顶上就到处都是鸽子，一动不动静候 5 分钟后教堂的钟声响起，才以不同的阵型飞走，真是杜布罗夫尼克一大奇景。

翌日早晨，气温下降不少。亚得里亚海面汹涌而阴郁。与之遥相呼应的是南方谜一样的阿尔巴尼亚和北方哈布斯堡帝国的领土克利斯蒂。我又一次穿过拥有文艺复兴时期剧场的大广场和史特拉顿大街：因为熟悉它们，扎实而朴素的美更加浓厚了。我想到中世纪的明亮面，毕竟，那是杜布罗夫尼克的重要成就：同其他商业城邦一样，以丰富的文化遗产葆有独立，并将影响力扩至海外。在一个城市区域（例如加泰罗尼亚、新加坡、圣保罗）开始成为经济生活主体的世界里，作为开放和独立城邦的杜布罗夫尼克再度体现出其示范意义，同时也成为对抗狭隘民族主义的一股力量。在港口边的海洋博物馆，一张 1930 年代的船运海报上，这座城市仍被称为"拉古萨"。

在那个寒意阵阵的早晨，史特拉顿大街的户外咖啡馆宾客满座，唯有室内还有位子。人们身着时髦的锥形大衣，配着墨镜，在苍白的阳光下伸长脖子，花上一个钟头品尝浓咖啡。这里是地中海，外表即是一切，风度常常重于温度。愿杜布罗夫尼克永远独立自主。

十二

烛火摇曳的魔力宝盒

公元前 19 年，维吉尔自希腊返回罗马，途经意大利东南腹地——受大风侵袭的布林迪西，在此溘然长逝。由此其大作《埃涅阿斯纪》也成为未完成的遗作。而我从达尔马提亚回到意大利的亚得里亚后，也选择从依旧是交通枢纽的布林迪西搭渡轮前往希腊。

午夜，轮渡离开布林迪西。直至破晓时分，我在奥特朗托海峡的另一侧醒来。船只进入爱奥尼亚海，亚得里亚已在后方。风同前夜一样继续呼呼作响，不过多了一丝轻声呢喃的味道，好似正在透露自己的秘密，空气纯净，周遭景物都像高清晰镜头捕捉的照片。已逝的牛津古典学者莫里斯·波拉指出，希腊宣称受其暴烈的阳光激励而获得更多灵感的是雕塑家，而不是画家。在希腊，即使在植被丰茂的西部岛屿，各种物品的色彩总不如其轮廓那样清晰鲜明。奥地利诗人霍夫曼斯塔尔认为，希腊"朴实无华，排斥一切空想，哪怕是历史典故。它单调、荒凉、富于冲突且怪异，拥有一张憔悴至极的面孔"。

从船上望去，每一棵冷杉、每一栋白色建筑都孑立于一片澄澈空旷的背景之中，让我想到在阿格里真托见过的一个希腊瓶子上的图形。波拉写道，"植被缠绕的丛林往往缺乏开阔的景观，这或许也是为什么玛雅或高棉人的雕刻统统反映出森林或丛林密布的压迫感，而希腊的开阔恰好相反"，因而景物可以独立存在，其强调的也是个体，而非整体。如此特征代表了希腊的古典思想，同时也象征着典型的西方文明，这是地貌的部分功能。

一整天，渡轮沿着岛屿链向南行驶。岛群上的港口和石灰岩轮廓像背光的舞台道具一样醒目。夜幕降临，我抵达帕特雷，并在那里搭上一辆巴士往东至雅典。高雅不足而又嘈杂喧闹的雅典能吸引我的只有驾轻就熟的亲近感。在雅典，我知道去哪里好吃又划算，哪家图书馆提供冷气，哪里可以浣洗衣物，在哪里可以用 1 品脱的血液换取 20 美元作为旅行开销的补贴，以及在哪些非洲和中东的大使馆可以为后面的旅行申请签证。1982 年 11 月，原计划仅在雅典只逗留几日的我在那儿一停留便是 7 年。因为，我很快发现，一个自由撰稿人如果想要找间海边的寓所，同时要满足短时飞行即可抵达非洲好望角、中东，以及阿富汗-巴基斯坦边境等时事热点地区的条件，那么雅典的确是个绝佳的落脚点。

雅典的魅力并不在于万神殿抑或其他名胜遗址，而是因为这里是过去这么多年来我第一个走进的第三世界城市。从巴黎南下马赛，离开马赛，直至杜布罗夫尼克，我一路上见到了许多历史根基深厚的古城经过规则设计后的样子。19 世纪，经过法国人规划建设的现代突尼斯即是一例。至于凯鲁万和苏塞的集市,一如我在西西里和达尔马提亚所见古镇,皆源自长期的地方自治体系和经久不衰的建筑传统,而到了20世纪末期,第三世界的共通之处亦在于此。雅典的扩张显然毫无规划,白晃晃的灼热,荫蔽纳凉的空间很有限,表现为一种病态的混凝土结构滥用。1834年,雅典正式成为希腊首都。彼时,雅典城内的房屋建筑不过三百来栋。然而,在1921—1923年的希土战争以及1946—1949年的希腊内战期间涌入的难民群体,以及1960年代的城镇人口迁徙,对于欠发达世界影响巨大,眼下的雅典城内已扩张到数百万居民。20世纪70年代,雅典所展现的是我后来在开罗、德黑兰和卡拉奇所见到的事物。作为2500年前西方民主的诞生地,从12世纪的最后25年起,希腊也逐步成为非伊斯兰教的中东国家。

  1830年代,正是从蒙纳斯提拉奇地区开始,雅典走上了扩张发展之路。在蒙纳斯提拉奇,来往疾驰的摩托车大有碾压人行道上行人的势头,路边的咖啡小馆有些破败,镜子满布裂痕,上面还贴着圣像,电线如同内脏一样裸露悬挂着。而那些身着深色旧衣物的老人叼着水烟筒,一面端详肮脏墙面,一面攥着安神念珠。一排箱包店旁,一座古老的土耳其清真寺以砖砌的锥形结构为支撑,看上去如同踩着高跷一样。哈德良图书馆的后墙是成排的简陋屋棚,垂着错综复杂的晒衣绳。人行道上的苍蝇小馆设有折叠桌,我吃了小羊排和烤章鱼,喝了灼烧的茴香烈酒以及盛在廉价圆筒罐内、如树脂浓稠的葡萄酒。

一块块山羊奶酪浸在橄榄油中,因为加了牛至叶而呈深黑色。服务员端上来的橄榄则在醋中游泳。希腊的食物千百年间甚少变化,像是星星点点的光,拥有朴素真理的力量。

当地语言以语音变化为主,语法并不艰深,至少在基本对话的层次上的确如此。在当地的博物馆内,我见到的神均以人形现世,不像那些罗马皇帝的雕像,他们是被雕刻为神的人。古希腊人是小城邦的产物,一切都呈现出一种个体化倾向,而罗马雕像则显示出一种群体社会内未经夸饰而又强势输出的价值观念。安德烈·马尔罗写道:只有和西方社会所熟悉的裸体相比较时,希腊雕塑才显得色情;但是和印度古代塑像相比照,我们才能看清希腊的裸体雕像散发出的抽象的自由理念。

不过在观光区外,我体验到的却是拜占庭,而非古希腊。

在雅典,我最喜欢在厄鲁姆和米特罗珀烈欧斯漫步,这两条大街上都是服装店和高耸的玻璃外墙建筑。如宝石般精美的赭色砖材随处可见,同样分布较多的还有巨大的白色现代建筑周身装点的茶玫瑰色大理石。每天夜里,我都会随着一群在圣像前面点燃烛火的希腊下班族步入礼拜堂。11世纪的卡普尼卡瑞亚教堂位于厄鲁姆大道的布料店集聚的片区。到了20世纪70年代,彼时的卡普尼卡瑞亚教堂已经坐落在交通繁忙的岛上,教堂门口车水马龙。在车流中闪避穿梭,终于冲进卡普尼卡瑞亚教堂的我已上气不接下气,那种感觉好比穿越无形障碍从一个世界到了另一个世界。黑暗中一切都仿佛失了焦,内心世界则随着袅袅松香和蜂蜡烛火摇曳起来。半圆壁龛是20

世纪50年代由圣像画家弗提欧斯·康图葛洛所作。康图葛洛对拜占庭风格颇有兴趣,他融合古希腊和叙利亚两种风格,以此传达中世纪教堂的精神内核,这就好比把古希腊雕像的简约风印在华美的东方地毯之上。在卡普尼卡瑞亚教堂康图葛洛所绘的壁画《圣母》中,圣母正在祈祷,怀中则是圣婴耶稣,她肤色惨白,双眼大到不成比例,营造出一种神秘的效果。墙上的石灰无法在干燥的状态下保持颜料的效果,所以整幅壁画都是画家趁石灰尚未风干之际完成的,这通常需要长时作业,难得停歇片刻。

好些日子里,我都会经过米特罗珀烈欧斯广场,但唯一留意的却是其貌不扬的19世纪雅典大教堂。直到有一天,我遇见了更为小型的阿修斯·埃利夫瑟里奥斯教堂。教堂建于11世纪,建于一座更为古老的教堂原址之上,大理石的正立面上刻有野兽和舞蹈场面的浮雕。教堂内部有精美的内角拱、桶状拱顶和层层交叠的圆顶。其中"全能者基督"目光炯炯,在一座主圆顶上向下俯视着我。米特罗珀烈欧斯还有一座16世纪的教堂,挤在教育部的混凝土柱身之间,有如随时会被挤扁碾碎的玩具小屋,内部至多能容纳三四人,也已经放置了圣像、香炉和病痛缠身者为祈求神恩赐良方而奉献的银箔绘像。多年后,我从当地一位学者那儿得知,这座小教堂名为"圣母之力",原址是一座献给赫拉的异教神庙。

同斯普利特的列柱回廊一样,同我在那个冬天看过的一切遗址一样,对我而言,这些教堂的真正迷人之处在于探险般的体验。它们如同在一片黑暗中噼啪作响的烛火下的魔力宝盒，置身其中的我感到自己孑然一身，沉浸于另一种不同的文化。在突尼斯，我见到了罗马；在西西里，我见到了希腊；在希腊，我见到了拜占庭。而在拜占庭，我则被引领到一个迷人的书香国度。拜占庭让我明白，写作并非周报日报乃至副刊增刊上的低成本劳作，而是一场艺术、历史、文学和治国才能的探险。正是在希腊，我开始了解如何以此谋生。

十三

文学中的

拜占庭

美国作家保罗·福塞尔在《海外：英国文学中的战时游记》中写道："探险者找寻的是不为人知的事物，旅行者找寻的是历史中思想者所发现的事物，观光客寻找的则是生意经和大众传播艺术为他们准备的东西。"如此看来，探险属于文艺复兴，旅行属于19世纪中产阶级的时代，而当公众需要从单调的工作中获取片刻解脱，观光旅游则让我们进入"我们的无产者时刻"。

旅行是一项工作，而几乎不费吹灰之力的观光不是。对此，福塞尔解释如下：

以词源来说，旅行者（Traveler）是受辛苦（Travail）之苦的人，该词衍生自拉丁文的"Tripalium"，指一种以三根木桩架起犯人身体的刑具。早在观光兴起之前，旅行便被视作一项研究，而旅行的收获丰富了精神，有助于明辨是非。

从突尼斯南部沙漠到陶尔米纳，再到达尔马提亚，那个冬天我的体验都游移在旅行和观光之间。在突尼斯内陆地区及西西里本土，我往往感到寒冷不适，而且经常远离游人如织的热门景点，去的多是未经商业化的地方。尽管我竭力想要了解的是古代和中世纪的历史，但实际上我在那些地方遇见的仍是观光旅游业的产物，甚少新奇之处。不过也并非全无所获。实际上，即便有些地方仅属于观光客，也不意味着全无价值，至少能像课堂讲学一样带来一定的启迪。

尽管自称是名旅行者，但其实我学到的不比观光客多。20世纪70年代，我知道对于选择了独自旅行的年轻人而言，他们可以接受最廉价的住宿和最艰难的环境，但比起探索当地文化，他们更热衷于找寻哪里可以买到大麻。与之相反的是，我在大型观光团中遇到的长辈，他们住在整洁的旅馆，自身仍是古老遗址的活百科。总之，我感到自己已经置身一个全民观光的时代，游览地中海的经历增加了我对一个英国人圈子的好奇，按照福塞尔的观点，他们才是最后一批真正意义上的旅行者。

1927年，一个夏夜里，罗伯特·拜伦①和大卫·塔尔博特·赖斯这两名二十出头的年轻人坐在希腊圣山半岛上基兰达塞尔维亚修道院客舍的台阶上谈论着小说的未来。在《驿站·圣山：宝藏与男人》这本旅行回忆录中，拜伦写道：

我们认为，如果要写一部能与莎士比亚、委拉士开兹和贝多芬比肩的伟大小说，那要写的就是当下。只有讲述当下，才

---

① 英国旅行作家，代表作为《历史视域下拜占庭的成就》。

能探寻人类精神世界的非理性成分。而且如今，人类凭借机械化交通首次掌握了世界。目前艺术家能为后世留下的画作中，其内容无关乎语言或部落，也无关乎国家或大陆，应该关注20世纪的全球。但是机遇被搁置的时间越长，其价值就会越低。西方文明越来越普世化，世界也将同质化。我们有生之年将见到这幅全球场景的多元性大打折扣……

拜伦所述同样可以视作关于旅行书籍的前景。75年后，世界仍然如此多元，西方文明在许多地区只是表象。不过，较之1927年，世界的确越来越同质化了，当时存在的交通方式几乎能满足人们去到任何地方的需要（即使时间成本更高，且不甚便捷）。

那时旅行创作的环境也许比现在更为有利，有一个原因便是没有电视或其他分散注意力的电子产品，让那些接受过古典教育的人有了更多的阅读时间，以打磨才智，如此其中部分人能够以精妙的语言进行思想交流。拜伦在拜访圣山上的希腊西蒙佩特拉修道院时写过："这座建筑的三个主体高高耸立，每个主体都通过透视法的夸大效果形成了迷人的正立面，接近蓝色画布的背后是隐形场景的变换。"

像拜伦、大卫·塔尔博特·赖斯、弗雷娅·斯塔克、劳伦斯·达雷尔、帕特里克·莱伊·费莫尔这些作家，虽然他们是天之骄子，但他们也往往同地缘政治学无缘（弗雷娅·斯塔克在中东武断地对政治趋势指手画脚时，而后续的事件常常证明其论断是错误的）。在这个层面上来看，19世纪穿越奥斯曼帝国的普鲁士将军毛奇，以及在苏丹和英属印度西北前线旅行的年轻丘吉尔，和他们并不相同。这两位都会利用旅行写作谋求战略和国家利益。随着第一次世界大战后的理想破灭，以及冰冷战壕和不知何来的大屠杀等令人沮丧的记忆，譬如拜伦等作家皆同时拒绝了英国的气候和政治，逃到距离他们最近并拥有亚热带气候的地中海。只有在第二次世界大战爆发时，据拜伦的朋友赛克斯所言，拜伦才"自愚昧的现代信仰中"觉醒，之后他对于自己的国家"认识到了更为意义深重的责任"。

尽管如此，这些作家仍在其偶尔抒发的政治灼见中展现出了自身的政治才能。《苦柠檬》是劳伦斯·达雷尔接近晚期的作品。这是一本关于20世纪50年代塞浦路斯的旅行记录，初衷是要在海边买一栋"月光下令人心动沉醉"屋子的浪漫想法，而后的行文则转为研究丧气满满的年轻人如何"在一个高速都市化的农耕岛屿中"转向暴力的发展。达雷尔有个名为保罗的学生，是一个"瘦削而孤独"的孤儿，"从不在课堂上惹麻烦"，且上交的作业"整洁又用功"。有一天，保罗悄悄地告诉达雷尔，自由必须经由流血换来。达雷尔明白，塞浦路斯的希腊人"享有几乎完美的国民自由"，然而，他发现"就公投普选情况看来，他们对自己的事都无发言权"，这给他们的生活笼上了一层"怪异的索然意味"。虽然在塞浦路斯的外国人都认为，塞浦路斯的中产阶级更关心自己的钱袋子，而不甚关心脱离大不列颠而独立（以及与希腊本土最终融合）的诉求。不过达雷尔可不这样认为，他说在马其顿和克里特解放后，站在岛民的立场，塞浦路斯的解放具有"无法抗拒"的诱惑力。然而，任何严苛的手段皆会同时伤到无辜之人和有罪之人，引发更多的怨念，产生更多的反英声音。他写道：

恐怖主义的鬼才就在于引起疑窦——一个驻足借火的男人、一个只身立于森林之中的护林人、一辆车轴故障需要援助的手推车、日落后回村的三名年轻人……维系人类关系的脆弱信任链已经断裂——而知悉了这一切的恐怖分子开始就地打磨利爪。

如果"给一个家伙一个面罩和一把枪"，他一定会"先把自己的债主一枪崩了"，而后便是染指种族杀戮的恶行。达雷尔书中部分关于加沙及约旦河西岸地区和巴尔干半岛地区当前形势的描述可比报纸上的更为详尽。

即便有诸如上述罕见的分析言论，拜伦、达雷尔等人最初仍是美学家出身，他们明白人类存在的终极意义就是欣赏美。因此，他们开辟了最佳旅游线路。拜伦那本关于阿托斯圣山之夏的《驿站·圣山：宝藏与男人》，开篇便是吸引所有向往古老大地的读者的话语：

我到那里旅行，是身体力行、跋山涉水那种旅行，而非游走于书籍或者是博物馆的回廊之间。在拜占庭帝国中，兴衰浮沉在黎凡特留下痕迹的、铜币一度在伦敦乃至北京城流通的，正是傲立群雄、坚不可摧的阿托斯圣山，这里形式与灵魂并存。曾经造访圣山的学者和考古学家还将再访。我记录了那样的画面。若是部分画面难免因一成不变的热切落入俗套，抑或湮没在大量过往的回顾中而显得华而不实，那么恳请读者回想自己的校园时光，并从中发掘缘由吧。

我发现《驿站·圣山：宝藏与男人》这本书那年，已经是其出版发行的第五十个年头了，那是我刚结束阿托斯圣山旅行的那个冬天。在书的结尾，拜伦解释了书名。"这便是阿托斯圣山，"他说着，以此向读者告别，"这是一座信仰的驿站，这些年的时光在此停滞了。"作为希腊东北部的半自治半岛，阿托斯圣山是拜占庭的生活习惯和传统习俗被完整保留的地方。900 年间，这里一直禁止女性进山，即使是雌性动物都不允许。僧人在罗马儒略历①和拜占庭时间下安静地生活着——午夜和日落同步。在希腊人称的"阿托斯圣山"上，每天祷告 8 小时，从拜占庭时间早 8 点开始（外部世界为凌晨 2 点）。在 30 英里长的半岛上，只有沙路连接着 20 座修道院，一些僧人在悬崖边的岩洞中独自生活了几十年。到达埃维隆修道院后，拜伦写道："地球在我们身后。拜倒在客房中……我们置身于另一种形式的世界之中，回归神秘而无形的上帝之国，思

---

① Julian calendar，恺撒于公元前 46 年制定的一部 365 天的官方历法。

想在文艺复兴精神中得以舒张。"

　　作者的激情被他刚刚留在身后灰色的英式环境衬托，显得更加热烈。对于阿托斯圣山环境的"色彩"，他写道："和我自己的生活环境截然不同。"换句话说，传奇在比较中产生，拜伦和他在伊顿的朋友大卫·塔尔博特·赖斯以及马克·奥格尔维·格朗来到阿托斯圣山时刚刚22岁，他们是来拍摄教堂和修道院壁画的。此行的主要目的是欣赏拜占庭文艺复兴时期的艺术，一行人多年之后又到达位于伯罗奔尼撒的密斯特拉欣赏拜占庭壁画，之后又去了克里特饱览给格列柯创作灵感的景观。拜伦认为拜占庭艺术是西方画作的真正起源，而16世纪与17世纪之交、带有克里特血统的西班牙艺术家格列柯是两者的链环。

　　《驿站·圣山：宝藏与男人》对我来说是一次启蒙。这是一本旅行书，但是其中的论点又充满争议。拜伦用旅行的方式证明东方拜占庭的遗产对西方比希腊和罗马更重要（他在和塔尔博特·赖斯合著的《西方绘画的诞生》一书中更加深刻地阐述了这一论点）。他的学识有时很可疑。他的朋友赛克斯写道，他"在拜占庭发现的美德，他认为并不存在于拉丁基督教世界，而事实上上述美德在某种程度上同时存在于两处，而邪恶面同样如此"。拜伦似乎不知道，像吉本这样的人"粗鲁"的反拜占庭立场已经被许多学者抛弃了。但这类事情只为专家所知，而不是像我这样的读者。正如赛克斯所说，拜伦是一个有用的大众化作家，他通过新颖而令人兴奋的写作方式，为普通人阐述了难以理解的话题。虽然我对拜占庭帝国的兴趣远不如拜伦，但《驿站·圣山：宝藏与男人》却引起了我对雅典市中心中世纪教堂的浓厚兴趣。

拜伦的严肃风格中还有一丝轻松搞怪。以下是他对阿托斯圣山上食宿安排的描述：

晚餐到了，随之而揭开的画面是圣山人最原始真实的面貌……肮脏的桌布和餐巾；勺子、刀叉带着滑滑的黏液……那些不堪回首的蔬菜就像大方钉，尝起来就像是腐烂的药用薄荷一样的馅儿填在果核里，还有一个涂了黄油的煎蛋卷。走到床边，看到成群的红色臭虫在水泥床垫上爬来爬去。当我们把它们拍扁时血液喷溅出来——我们也不知道那血从何来。

还有那些僧侣，他们的一生都是在与世隔绝中度过的。他们温柔地打探英国的政治状况，好像在关切"一个朋友的健康……很想知道我们是否参与了战争"。书中还有作者为特拉比松帝国写的优美挽歌，那是黑海上拜占庭的一小片土地，"在面积上微不足道，政治上的成就可以忽略不计"，以一个"配角"的身份在1461年君士坦丁堡灭亡的8年后登上舞台。当他走进俄罗斯修道院时，他毫不避讳地将希腊文化和斯拉夫文化进行了比较："如今斯拉夫的风格多浓郁，之前希腊的风格就有多浓郁，希腊主义的精巧和微妙已经让位于更遥远、更不协调的斯拉夫风格。塌鼻的蒙古人和高大的金发人走过，人们嘴里的叽叽喳喳声取代了先前为人熟知的婉转流音。"这种言辞激烈的论点让其描述更为有力。拜伦对美国花高价修复雅典集市嗤之以鼻，认为那只不过是"给猫提供了一个带柱子的游乐场"，而相较之下，只需要其中一小笔经费，便能保住阿托斯圣山上的圣像。《驿站·圣山：宝藏与男人》流露出了作者只身发现事物的热忱，并且在研究过程中带上读者一起前行。

阿托斯山，因为法律承认了其半与世隔绝的状态，在拜伦写这本书以后的50年里，它的变化可能比那年冬天我去的任何地方都要小。乌兰诺波利斯是阿托斯半岛上最后一个允许妇女进入的港口，20世纪70年代以前，这里还是一个由土路和粉刷过的两层房屋组成的沉寂小镇，那绿色和天蓝色窗框是新粉刷的。咖啡馆和餐厅的餐桌几乎都坐落在沙滩上，沙滩的尽头有一座防御塔楼，颜色像橄榄石，是拜占庭皇帝安德罗尼卡二世在14世纪初为防范海盗而建造的。明亮的橙色渔船如同蚊蝇停在水面上。黎明时分，满载僧侣和几名游客的船驶向阿托斯山，薄雾从透明的海面上升起，像香炉里的袅袅香烟。

船穿过拜占庭式的圣山，驶过由修道院组成的杂乱无章的建筑群，它们的墙壁和屋顶被阳光照得泛黄。几小时后，船停在半岛南部海岸的小港口达芬尼，我从那里乘公共汽车沿着蜿蜒的土路行驶到圣山上唯一的城镇卡里耶。拜伦在这里发现了"一种活跃到近乎欢乐的气氛"，也许是因为他是从半岛较偏远地区的一座修道院来到这里的。当我从外面的世界直接来到这里的时候，我发现卡瑞斯①，是一个寂静的沉睡之地。这是一个拜占庭式和维多利亚-哥特式混合体，铅皮圆顶，石板碎裂，木板翘曲，画面看起来很迷人，但似乎已经到了垮塌的边缘。我记得有一扇被搁在窗台上的空橄榄油罐撑起的窗户。僧侣们穿着脏兮兮、满是窟窿的黑袍，戴着圆锥形的帽子，肩扛油罐、面粉袋和煤气罐。他们胡须蓬乱，许多人牙齿残缺不齐。这些老僧人让我想起断了的树桩。他们似乎都很饿。有一个指示牌写着：

圣母玛利亚花园，远离俗世。这片土地充满奇迹。

从卡瑞斯步行到半岛北部海岸的瓦托佩迪修道院，花了两个半小时。我沿着深冬也开满野花的小径走去。阿托斯山，一个白雪覆盖的三角形，像一个巨大的影子在我身后若隐若现。灰色石板的边界墙、巨大的灰绿色树木、橄榄和樱桃树林，以及骡铃的叮当声预示着瓦托佩迪即将到达。它的屋顶覆盖着黄色的地衣。这正是拜伦所描述的，"在下面的蓝色海湾上长出许多高大的白色烟囱……"，俄罗斯洋葱圆顶上镶嵌着意大利的钟楼。相比之下，狄更斯的查特斯沃思庄园似乎更为实用。

小鱼在河沟里吐着泡泡，蝙蝠在空中盘旋。我独自穿过像

---

① Karyes，意为"核桃树"。

医院病房一样空洞的山，走着走着就能发现一幅壁画或者一个小教堂。我晚上和僧人一起吃的饭是不新鲜的面包、扁豆、稀粥、水和苹果。晚饭我没吃饱，但也没有拜伦描写的那么糟糕：鳕鱼"已经在炎炎夏日中酸腐后才用盐腌……通心粉浸在羊奶中冻成酸奶块"。主教堂内储存了圣像和黄金，如同充斥着硫黄味儿的地下藏宝地，在其间回荡的东正教诵经声大有将希腊神话中的冥后珀耳塞福涅唤醒之势。

第二天早上，我又走了两个半小时，这一次是去位于两个海岸之间半岛内部的佐格拉古保加利亚修道院。天气很冷，雨下得很大。我膝盖以下的裤子和鞋子、袜子都湿透了。最后，我跌跌撞撞地跨过几座桥，穿过一扇大门，在薄雾弥漫的大山中布满了茂密的柏树和橄榄林，一座座巨大的城堡等着我，却不见一个活人。整个地方都荒无人烟。我走进教堂，在那里我的孤独和不安都被敬畏取代。一座披金戴银半掩在香云中的神像，一直延伸到天花板，像异教徒寺庙的入口一样。一个长着金牙、面容光滑的斯拉夫僧侣让我大吃一惊。他那钢铁般的金色长发被一根细绳绑在脑后。他看了看我颤抖的脸，笑了，用演哑剧的方式邀请我跟着他出去，又走进雨中，然后进了一栋楼，爬上几段吱吱作响的楼梯。我们走进一个小而温暖的厨房，一个厨师站在那里，前臂横在胸口，双手像猿猴一样晃来晃去。他喝令着另一个表情呆滞、衣衫褴褛的僧侣做事。很快，我就吃上了饭：冷的菠菜粥、加糖的米饭和土耳其咖啡。

我看了看这个神奇的院子，窗户破损，横梁下沉。这里住着多少人？我以磕磕巴巴的希腊话问。答曰："6个人。"6个僧人，部分看起来神志已经不甚清楚，却真正占着这一整座华美的宫殿！

当我吃完午饭时，来了两个年轻人。他们是来自美国的俄罗斯东正教神学院的学生，正在游览阿托斯山。我们很快攀谈起来。我决定陪他们去希腊的多凯里奥修道院、色诺芬托斯修道院和俄罗斯的圣潘泰利蒙修道院，都在南部海岸。当我们开始步行时，空气清新起来，阳光晒干了我的裤子和鞋子。半岛南部的气氛更像是典型的希腊风格。修道院里粉刷得更白，植被更稀疏，也不那么沉闷。我们在多凯里奥修道院短暂停留的时候，僧侣们给我们带来了土耳其咖啡和水。我此前并不喜欢水，直到我去了希腊：这里水质清澈，蒸馏过后闪着金属的光泽，提神醒脑，别有一番风味。在色诺芬托斯修道院，我们受到了更为隆重的招待。我们被带到一个沙龙，里面摆着低矮蓬松的缎子沙发，头顶上是拜占庭皇帝和现代希腊君主的肖像和照片。他们又给我们提供了土耳其咖啡和水，还有水果和被称为"土耳其之乐"的糖果。巨大的宴会厅被一盏昏暗的煤气灯照亮。当我喝完凉扁豆汤时，透过一扇小窗户，我看到了海面上的日落。

和两个学生的谈话增添了这个陌生环境给我的不真实感。这一天开始于一场残酷而孤独的雨。在佐格拉古修道院的奇特背景下，我遇见了这对学生。当我们步行的时候，天气转晴了，我突然感到温暖，我感受到了友谊和好客之情，我忘记了两个同伴的名字，也傻到忘记在日记里记录下我们之间的谈话。但我永远不会忘记我们谈话的主题。

25年前，第一次听说苏联解体时我正在圣山上，这是我有生之年第一次见证历史的体验。两位年轻人向我讲述了沙皇和俄罗斯东正教的伟大，他们向我保证，总有一天沙皇会在俄罗斯再次受到尊敬。他们所说，令我既着迷又害怕。在我的一生中，特别是在大学里，有教授告诉我，苏联的制度尽管有需要完善之处，但仍然比反动的沙皇进步。而且，因为冷战在我出生之前就已经开始了，我不自觉地认为它是永恒的。但这些学生却实事求是地谈到了苏联即将解体的问题，就好像它将在下周就发生，他们的确信无疑令我震惊。他们没有提供分析，也没有作出什么解释。根据他们的说法，俄罗斯不久就会恢复其"真正的自我"。

我试图和他们争论，但他们对我不屑一顾，只提到了苏联的共产主义和东正教的过去。我喜欢他们，但我不相信他们。然而，我相信我周围的环境。一台时光机把我带回了拜占庭。在这个时代，东方教会以其全部的热情和阴谋盛行一时，对此你很难有不同意见。

不久之后，我又想起了这一切，我发现了达雷尔的《苦柠檬》。他在书中提到自己遭到一个以色列年轻记者的责难："你这个英国人，"记者说，"似乎……完全处于古希腊罗马时期的魔咒之下，你对一切的判断都不涉及拜占庭。然而，拜占庭才是发现希腊思想、希腊风俗的真正源头。"一个民族的历史塑造了它的民族性格，在变革和冲突的时期，民族性格重新确立。在意识形态的外壳之下，俄罗斯和希腊一样，是一个东正教的东方国家。这一事实将如何重见天日呢？

勃列日涅夫于 1982 年去世，尤里·安德罗波夫和康斯坦丁·契尔年科的统治虚弱而优柔寡断，接着是米哈伊尔·戈尔巴乔夫，直至其新一代资本主义倾向的专制主义无意中颠覆了原来的意识形态体系。随着岁月流逝，和那两个神学院学生谈话的回声越来越响亮。东正教全面回归俄罗斯人的生活，现在是"俄罗斯人"的，因为苏联已不复存在，随之而来的则是末代沙皇家族的二次安葬礼①。

我了解到，历史不是由最聪明的人推动的，而是由那些最坚定的人推动的，那些最坚定的人往往并不完全理性。但他们在理性上的缺失却在用激情加以弥补。阿托斯圣山充满了激情。我所看到的这些圣像皆是情感的艺术表现，而不是智力或聪明的分析。

我记得自己和这两位新朋友在俄罗斯圣潘泰利蒙修道院分手作别的场景。这座修道院在俄罗斯大革命时期曾拥有 1500 名僧侣；1913 年，俄罗斯东正教"妖僧"拉斯普京来访。但在 20 世纪 70 年代，只有十几个被流放至此的僧侣，在苏联属于贱民身份。罗伯特·拜伦在 1928 年的观察仍然是正确的。他写道："不胜悲凉、近乎悲剧的是，在这一切的破

---

① 1998 年 7 月 17 日，时值最后一任沙皇及其家人被处死 80 周年，俄罗斯政府举行了盛大的弥撒会，时任总统叶利钦在安葬礼上致辞。

灭景象中，这里一度人满为患，却被剥离了祖国和传统，成为爱琴海上古俄罗斯的边区部落。"

在这些圣像中，金色的科林斯柱和烛台之间，12位僧侣和两名年轻的俄裔美国人在晨祷时高声而热烈地歌唱，他们的声音补偿了从这里失踪的数百人，他们总有一天会魂归故里，我想应该就在不久之后。

我从阿托斯圣山回到雅典，几天后，我向南前往密斯特拉——希腊大陆上拜占庭的另一个极点。

十四

摩里亚半岛与新柏拉图主义

离开雅典时,我租了一辆廉价汽车向西南的科林斯行驶。即使在20世纪70年代,雅典城市的扩建已经十分强势,令人感觉这座城市永远没有尽头。情趣用品店和汽车配件店在古圣道两旁鳞次栉比。离科林斯还有差不多一半车程的地方,混凝土终于退到了一片赤裸的白垩平原上,在那里,每一片绿茬、玫瑰色的露头都以其独特的表意符号撕碎你的心:在寒冷的稀薄空气中,它就像一个平面的抽象艺术品。

撒拉米斯的蓝色海峡出现在我的左边,那里油轮来来往往。公元前480年9月28日,古希腊的舰队在这里赢得了历史上最血腥的海战之一,多达4万名波斯水手被杀死或淹死。在意识到这一点之前,我正在跨越科林斯运河,这是一条令人目眩的又深又窄的裂缝,船行其上,闪闪发光的绿松石色船底穿过裂缝。这条运河连接爱琴海和洛尼安海,将伯罗奔尼撒半岛与希腊的陆地分隔开来。伯罗奔尼撒半岛是巴尔干半岛的最南端,中世纪的法兰克人和威尼斯人把它称为摩里亚,意为"桑树",也许是因为它们在希腊南部随处可见。历史学家在研究古典或当代历史时倾向于使用"伯罗奔尼撒"一词,但涉及拜占庭和奥斯曼时期，则沿用术语"摩里亚"。

在运河的另一边，阿克罗科林斯山以纯净的、标志性的威仪矗立。这座2000英尺（约合609.6米）高的天然堡垒帮助当地早期居民控制了地峡，公元前8世纪，繁荣的商业中心在周围发展起来，以货运为主要业务。科林斯和雅典、斯巴达、锡拉库萨一样，成为古代世界伟大的大都市和地名之一。科林斯殖民地在科孚和西西里的建立使这个城邦成为希腊西部的主要商业力量。公元前6世纪，另一个海上强国雅典崛起，与科林斯相争，引发了希腊政治的许多危机。伯罗奔尼撒战争开始于雅典和科林斯之间对科孚和马其顿港口波蒂达亚控制权的争夺，导致斯巴达进攻雅典。伯罗奔尼撒战争结束后，野心勃勃的科林斯人转而反对他们的长期盟友斯巴达，并在另一场被称为"科林斯战争"的长期斗争中击败了他们。直到马其顿和罗马势力崛起，科林斯的独立局面才被终止。到使徒保罗在当地的基督教社区演讲时，科林斯已经是罗马管辖的城镇了。

不久我就上了高速公路，走在一条尘土飞扬、蜿蜒曲折的路上，路过橄榄林、橘子树和桉树。到了中午，在这样慵懒的美景中，我看到了一个黑暗的场景：在两片巨大的石灰岩岩床的阴影衬托下，矗立着一座丑陋的、独眼巨人般的古老岩石城堡，风呼啸着，鸟儿唱着，就像暴风雨来临前一样。那是迈锡尼，悲剧的发源地。

已故的英国学者卢卡斯解释说，古希腊人太理性了，以至于忽视了不合理的力量——"太聪明了，不可能变成18世纪启蒙运动中的某些思想那样狭隘的知识分子"。为了表现人类精神的非理性一面，即人类充满破坏性激情的那一部分，希腊人发明了酒神狄俄尼索斯——狂喜的给予者，与酒有关的神，与森林之神萨提儿有关的神。兽性、野蛮的萨提儿会撕下受害者四肢，正像他从死人堆里爬起来再次复活以前被巨人泰坦撕掉四肢一样。酒神狄俄尼索斯是过度激情的神，在狂欢的爆发中失去记忆。

悲剧源自酒神狄俄尼索斯的非理性特征——有些事实令人难以接受，但仍不失其美感，正是基于这一点，悲剧成为希腊人的独特创造。古典学者艾迪斯·汉弥尔顿写道："希腊人的独特在于能在透彻洞察世界的同时发现世界的美。"这也是为什么现实主义同浪漫主义是最为稳定而合理的伴侣：参见欧里庇得斯的剧作以及果戈理、康拉德的作品，其中巴洛克式的人物及景色皆是通向悲伤结局的媒介。迈锡尼漠然地将悲剧精减至最基本的要素——数字定理般的决定论。它加深了人们对世界上狂热和非理性的力量，以及恐怖分子和极端分子的了解。

迈锡尼在青铜时代统治希腊（前1400—前1100年），而青铜时代是荷马的英雄时代。正是由于剧作家埃斯库罗斯的巨大气势，这些降临在阿特鲁斯家族[①]的可怕事件在深渊中保存了几千年，至今仍萦绕于此。埃斯库罗斯是第一个悲剧作家，也是一个脾气暴躁的老战士，虽然在杰拉的墓志铭上只写着他

---

① the House of Atreus, 阿特鲁斯家族，古希腊悲剧中的重要人物。

参加过马拉松战役。公元前458年,他在杰拉写《俄瑞斯忒亚》三部曲时已时日无多。

这部史诗,开始于佩洛普斯的儿子蒂耶斯特,他引诱了他兄弟阿特鲁斯的妻子。为了报仇,阿特鲁斯杀死了蒂耶斯特的两个小儿子,烹煮了他们的肉,并送给不明真相的蒂耶斯特当晚饭。当蒂耶斯特知道自己吃了什么后,他对佩洛普斯一族下了永恒的诅咒。这一诅咒降临到阿特鲁斯的儿子阿伽门农国王身上。阿伽门农决定把他的女儿伊菲格内亚献给女神阿耳忒弥斯,以求女神在对战特洛伊之际帮助他领导的侵略军。而在他做出决定的那刻,他的命运就注定了。阿伽门农的妻子克吕泰涅斯特拉王后对丈夫的所作所为大发雷霆,伙同其情夫——蒂耶斯特的另一个儿子埃吉斯托斯,密谋在阿伽门农从特洛伊回来的时候谋杀他。《阿伽门农》是《俄瑞斯忒亚》三部曲的第一部,开场在迈锡尼皇宫,以王后准备迎接丈夫归来为起点。

正是这个场景让我第一次对这个故事产生了兴趣。在一座整体式大门前的陡峭道路上,有一堆堆灰色巨石,每一块都非常大,仿佛是一个独立的象征。我不安地凝视着刻在大门上方石头上的两只直立的狮子。"狮子门"在埃斯库罗斯在的时候已经很古老了。当我经过这片巨大的废墟后,视野缩小了。我看到一条弯曲的石阶通向另一条陡峭的鹅卵石小径。我的右侧突然出现一个坑,露出了一排墙。陡峭的斜坡和狭窄的城墙增加了角豆树在风中嘎吱嘎吱作响的戏剧效果。在远处,阿尔戈斯湾与雕刻的山坡之间有一块方方正正的耕地。山顶是一系列的隔墙,非常寂静。"麦克白城堡和阿伽门农宫殿的气氛是一样的",艾迪斯·汉弥尔顿写道,"那里总是夜晚,空气中弥漫着浓重的黑暗,死亡自门口飘过。"

在山顶克吕泰涅斯特拉遗存的房间里,你可以想象,当阿伽门农带着他的军队凯旋时,克吕泰涅斯特拉带着冷笑盯着下面平原上点燃的胜利灯塔。你可以想象命运的压迫之手,就像卡桑德拉警告"厄运"的时候,"淫荡的婊子"克吕泰涅斯特拉就要在她的丈夫身上献上花环了,而合唱团唱着:

没有倒掉的酒可以减轻……
上帝无情的仇恨。

在这片荒凉的土地上,你也可以想象,阿伽门农在他的银浴缸中流血至死,正如克吕泰涅斯特拉所说:

……他嘴唇间涌出一股血来,
溅在我身上,好像一场猩红的雨;
我在雨中欢喜,好像麦子欣欣向荣,
如同在天空的滋养下,抽出了麦穗。

山顶上可以看到堡垒的背面,那里有另一张大门,比狮子门小,但同样气势恢宏:阿伽门农和克吕泰涅斯特拉的儿子俄瑞斯忒亚替父报仇,在弑母后逃走。这是三部曲的第二部《祭奠者》的主题,以克吕泰涅斯特拉的女仆命名。王后出于愧疚,派女仆来为她死去的丈夫献上安抚的奠酒。在这出戏中,俄瑞斯忒亚在国外多年后回到迈锡尼,在他父亲的墓前祈祷。在这里,他遇到了他的妹妹伊莱克特拉,他们一起发誓要报复他们的母亲和她的情人,然后俄瑞斯忒亚也的确杀死了他们。现在是俄瑞斯忒亚,而不是克吕泰涅斯特拉,手上沾染了鲜血——弒母,一种违反自然法则的行为,给他招来了复仇女神。因此,俄瑞斯忒亚逃亡到希腊北部,在那里他成为卡斯托里亚的奠基人——那里有铅灰色的天空、枯死的杨树树叶的呜咽以及白雪皑皑的山峦。

《复仇女神》是三部曲的最后一部分,又名"仁慈三女神"。俄瑞斯忒亚从卡斯托里亚前往德尔菲的阿波罗神殿避难,那里住着复仇三姐妹,她们都是蛇发老丑婆,因为自己的衰老而折磨年轻人。德尔菲神谕命令俄瑞斯忒亚去雅典为他的弒母行为受审,他在雅典无罪释放,而复仇三姐妹被劝服留在雅典,以仁慈女神的身份实行统治。这样,国家的正义就占了上风,暴力的循环就结束了。但正是恐惧帮助巩固了这种正义。正如罗伯特·格雷夫斯告诉我们的那样,希腊人之所以使用"仁慈的女神"这个说法,是因为他们要在谈话中避开复仇女神的名讳。

沿着山坡走下去,我看到其他的游客或安静独坐或会聚成群,对恶劣的天气漠不关心,手里拿着旅行指南,或者荷马、埃斯库罗斯的书,阴沉的美景成为剧作家对人性进行精确分析的完美背景。

那天晚些时候，我到达了诺普里昂。微弱的阳光覆上了狭窄的街道。教堂的钟声隆隆作响：一串快速而柔和的声音，而不是西方整齐划一的哐哐声。我在港口边吃了一顿简单的油炸鱿鱼和费塔奶酪的晚餐。透过餐厅的窗户看去，暮色中的海水褪成了暗褐色，一艘小型油轮驶过水面。正因为诺普里昂在古代史上不甚显眼，所以我更喜欢将这里当作一个完美的地方。一度引得威尼斯人和土耳其人兵戎相见的诺普里昂直到1829年才崛起，成为现代希腊的第一个首都。1834年，希腊首都迁往雅典。这段不太惹眼的历史激起了我的兴趣。

伯罗奔尼撒半岛曾是希腊对抗奥斯曼帝国进行独立战争的主要战场：这是一场显而易见的正邪之战，也是一场无政府主义下巴尔干人的流血冲突，这场战争展示了帝国主义势力的削弱和瓦解是如何带来混乱的局面。反对土耳其人的起义是由神职人员和称之为"克莱夫茨"[①]的希腊独立游击队战士所领导的。在占领伯罗奔尼撒中部特里波利斯之后，希腊人屠杀了1200名土耳其平民。作为回应，土耳其人在小亚细亚海岸附近的希俄斯岛杀害了两倍多的希腊人。尽管西方政治家担心东地中海的权力真空，但希腊独立成为19世纪早期欧洲知识精英们最关注的问题，其中最著名的人物是诗人拜伦勋爵（前文提及的20世纪早期旅行作家罗伯特·拜伦的远亲）。诗人拜伦航行至希腊，在那里，他在梅索隆吉感染热病身亡，当时他正试图团结

---

① Klepht，此处指代1821—1828年希腊独立战争中涌现的斗士。

各个游击队的力量，但各个队伍皆有超乎想象的权谋和竞争力。1827年10月，英国、法国和俄罗斯海军中队与奥斯曼舰队在伯罗奔尼撒西南部的纳瓦里诺湾发生冲突，奥斯曼舰队几乎被彻底摧毁，这股潮流对希腊独立有利。但即使在1829年希腊脱离土耳其苏丹独立后，派系斗争仍在继续。伯罗奔尼撒半岛最南端的马尼岛上，希腊独立斗士一直保持着沉默。1831年，在诺普里昂的一座教堂外，摩尼教徒暗杀了现代希腊第一任总统约翰·卡波迪斯特拉。正是19世纪20年代希腊独立战士的游击斗争，让我在20世纪80年代报道阿富汗乌贾比丁与苏联进行类似无组织游击斗争时有了参照。

我绕过阿尔戈斯湾，登上伯罗奔尼撒中部的高地。这是我所见过的最孤独、最崎岖的风景之一：一排排长满苔藓的恐龙脊背一样的山峰，阴沉、威严地延伸到天边。发夹式山道拐弯处有临时的还愿台——生锈的铁盒和玻璃盒顶上有一个十字架，里面有一个圣像和燃去半截的蜡烛，标志这里曾经避免了一起交通事故或者一场致命事件。接着是一个荒凉的高原和另一个冰冷的尖顶——阿卡迪亚山脉，在那里我向南转向斯巴达溪谷。

我经过曼蒂尼亚村，瓦屋环绕山坡。在伯罗奔尼撒战争中，曼蒂尼亚统治着一个由周围城邦组成的小联盟，这些城邦也与阿尔戈斯和科林斯结盟，以防被附近的斯巴达吞并。帕农牧场越过一片紫荆花盛开的田野，从我的左边升起。右边，在我进入斯巴达西南部之前，7000英尺（约合2133.6米）的泰格图斯山伫立在浓云愁雾下方。诺普里昂港口的海水与舒缓的绛紫山丘现在已经化作模糊的记忆。古老的斯巴达是陆地强权，并非如同雅典一般的海上霸主。桑树和银色的橄榄叶在风中沙沙作响，宣告我即将抵达最后的目的地：斯巴达平原。

除了在修昔底德、色诺芬和其他人的作品中，斯巴达已经失去了古韵，它的考古遗迹也很稀少，而这个现代化的城镇，是个网格状的水泥建筑群。然而，在斯巴达以西3英里（约合4.8千米）的地方，在蜿蜒的欧罗塔斯河畔，依然可以欣赏到典型的希腊风景，以及古典文明末期各个文明的遗留物。

哈德良重建万神殿，部分是因为罗马帝国面临分裂的危险，不同的人崇拜不同的神，所以他为帝国人民的所有神建造了一座统一的殿堂。不幸的是，他的计划没有奏效，基督教的目的就是让大众信一个神，所以反而引起了纷争。君士坦丁大帝，罗马第一位基督教皇帝，将帝国权力中心东移到博斯普鲁斯海峡①，在那里"东方的罗马"更名为君士坦丁堡或拜占庭，一千年来该地一直是东罗马帝国的首都。欧罗塔斯河畔，位于泰格图斯山脉分支的密斯特拉城邦，拜占庭最终将在那里终结。在密斯特拉，由于君士坦丁堡的政治动荡，塞族希腊君士坦丁十一世德拉加塞斯于1449年加冕，他是拜占庭88位皇帝中的最后一位，也是罗马恺撒·奥古斯都的最后一位继承人。

17世纪的旅行者醉心于密斯特拉的美，以至于常常将其

---

① 又称伊斯坦布尔海峡，连接着黑海和马尔马拉海。

同斯巴达的遗迹混为一谈，以便给这个强大的城邦增添浓郁的浪漫气息。直至1806年，作家夏多布里昂由巴黎前往耶路撒冷，途经此处，才了解到密斯特拉和斯巴达并不是一回事，他是现代人中分清两地的第一人。1927年，罗伯特·拜伦和他的同伴们来到这里拍摄壁画，试图证明对于西方文明而言，密斯特拉以及它所代表的文明的重要性远大过斯巴达。每天，他从现代的斯巴达城出发，向密斯特拉走去。日复一日的跋涉旅行令拜伦灵感迸发，他在《驿站·圣山：宝藏与男人》写下了他最感人的文字：

对风景永不餍足的人既要形式美又要色彩美，在他们看来，中欧只是张彩色照片，而日落中的阿尔卑斯山只能与煤气炉中的石棉相提并论。唯有黎凡特无与伦比。在整个黎凡特，唯有欧罗塔斯溪谷能让神圣的灵魂心满意足，让双眼盈满泪水。去年，我们每天早上都从斯巴达来到欧罗塔斯。每天结束时，我们都沿着尘土飞扬的道路，穿过橄榄林，步行回家，向农夫道一声晚安、话一句好梦。那些5月的夜晚是一生永远也忘不掉的记忆：那是空气温柔包裹的记忆，那是黑暗而又真实的记忆，那是人类对于大地温热的亲吻……

1948年，不同于在迈锡尼读埃斯库罗斯的作品或是迈锡尼其他作家的作品，另一位英美混血的年轻旅行者兼二战老兵凯文·安德鲁斯在一棵悬铃木下找到了一处可以看到最后的拜占庭遗迹的露台，用一周的时间阅读了拜占庭的几部历史和以14世纪希腊语（接近现代希腊语）写成的编年体长诗。安德鲁斯的作品《伊卡鲁斯飞行：内战时期的希腊游记》，作为晚拜伦一辈的作家的作品，读起来似乎年代要更早，因为他所经历的希腊更贫穷，频繁受到战争的蹂躏。20世纪80年代中期，我拜访了安德鲁斯在雅典的住处。他身着希腊农民的黑色羊皮衣，那寒冷的公寓里没有暖气，散发着他收集的贝壳的气味，到处是他手工做的稚拙的首饰，桌子上放着一堆退稿信。当我走进去时，他正在读一本20年前的希腊旅游指南。他对我说："我从1947年起就没有去过希腊米克诺斯岛了，我不会再踏进那里半步。"他处在一个四分五裂、污染严重的城市中，和他四十年前爱上的那座城市相去甚远。"我父亲是英国人，我的母亲是美国人，我出生在中国，所以我从来没有根。比起其他地方而言，希腊更像是我的家。"其实，安德鲁斯真正的父亲是英国军人圣约翰·"奇普"·斯穆尔伍德，他还是罗伊·查普曼·安德鲁斯的继子，老安德鲁斯在20世纪20年代曾为纽约的美国自然历史博物馆进行过几次戈壁沙漠探险，是小说人物印第安纳·琼斯的原型。凯文·安德鲁斯曾与诗人E.E.卡明斯的女儿南希·卡明斯结婚，但我遇见他的时候，他还没有成家。1989年，安德鲁斯溺水身亡。除了《伊卡鲁斯飞行：内战时期的希腊游记》，他年轻时的旅行也造就了《摩里亚半岛的城堡》一书。虽然我欣赏他的作品，就像我在锡拉库萨遇到的两位老画家一样，但我害怕最后会像他一样。密斯特拉和其他几个地方的美丽让他着迷了这么长时间，以至于他似乎在余生中除了回首往事，别无所长。

我第一次来密斯特拉的时候，它带着一层洁净的细雾。潮湿和寒冷的空气是最微妙的，它们把你排空，而不是把你压垮。在那里我可以看到我走过的山谷，斯巴达就在中间，它的混凝土建筑群散落在向东延伸到帕农山麓的橄榄树丛中。桑葚、紫荆、偶尔出现的柏树、成熟的橘子树、柠檬树和即将长出花苞的夹竹桃，挂毯一般固定在肥沃红土的宽阔轮廓上。欧罗塔斯山谷的美丽是微妙的阴影与完全不同的棕色和石灰绿色树荫搭配的结果，就好像地球被定格在了深秋。这里是希腊最初的心脏，在和情人帕里斯潜逃到特洛伊之前，海伦和她的丈夫梅内劳斯在这里统治着希腊，这远比雅典建都早几个世纪。

树叶随风低语，为环境增添了一丝趣味。泰格图斯山那白雪覆盖的山峰上伫立的中世纪堡垒如同极简抽象派艺术家的作品。金雀花旁是百里香、乳草、罗勒、鼠尾草，大戟树和其他未名野花有如亮色颜料喷溅而出。在通向这座古城的蜿蜒小径上，鹅卵石的沟渠中落满了亮粉色的花瓣。密斯特拉的堡垒比谷底高出1000英尺（约合304.8米），成了这幅画面中最平淡无奇的元素，因为在那个冬日，我不断被地中海地区大大小小的古城墙吸引，它们的颓败之美在这里似乎达到了极致，损毁的钟楼和以精致砖花装饰的教堂外观破破烂烂的，它们是拜占庭晚期的卡纳克或庞贝。千百年来，艺术家们竭力复制自然的美，而这里泥瓦工匠的鬼斧神工却将造物主的杰作击败。

密斯特拉光线昏暗的阴冷教堂中，那些壁画看上去好像高挑端庄的圣徒像沉入阴暗的海洋深处：他们穿着精致的长袍，摆着贵族的姿势，也可能是古雅典伟大的哲学家和戏剧家，在奔放的彩色背景下显得有些失重。在密斯特拉，你可以体验到古老的异教和中世纪的东正教同时作为希腊文化的一部分存在。因为希腊人通过东罗马帝国在文化上从内部取代了罗马帝国，而这个地方便是罗马和早期拜占庭马赛克风格的继承者，我在苏塞和阿姆利纳广场看到过。"西方的基督暴露了他们的创伤；东方的基督端坐在无法言喻的神圣光辉中加冕"，帕特里克·莱伊·费莫尔写道，他的话可以用来描述密斯特拉的一些壁画，画中的圣母玛利亚有着东方皇后的高冷气质。第一次世界大战后，罗伯特·拜伦拜访过密斯特拉；第二次世界大战后，凯文·安德鲁斯和帕特里克·莱伊·费莫尔拜访过密斯特拉；后来历史学家史蒂文·伦西曼和C.M.伍德豪斯也到过密斯特拉，他们无不对这里的过去产生浓厚的兴趣。即使历史学家的写作枯燥乏味，但往往是一个地方的美丽和美学启发了他们的研究。

密斯特拉以宏大的摩里亚拜占庭大都市风貌崛起，很大程度上是古希腊文明之后无政府状态的结果。公元前146年，来到伯罗奔尼撒时，罗马人洗劫了科林斯的堡垒。后来，整个伯罗奔尼撒又迎来一拨拨劫掠者——西哥特人、阿瓦尔人、匈奴人、保加利亚人和斯拉夫人。6世纪，拜占庭皇帝查士丁尼重修科林斯堡垒，却并未阻挡入侵者的脚步，特别是斯拉夫人，他们侵入摩里亚岛南部斯巴达山区——自古以来以"列斯达蒙"为名的地方。13世纪初，在十字军征讨君士坦丁堡的余波中，第四次东征军将拜占庭帝国切割拆散，允许法兰克人和勃艮第人大举涌进摩里亚。1249年，法兰克人纪尧姆·维拉都因在密斯特拉山顶修建了固若金汤的堡垒，抵御藏匿于泰格图斯山谷中的斯拉夫米伦吉一族，从而庇护斯巴达溪谷免受侵扰。然而10年后，米伦吉一族转而攻击拉丁骑士。彼时十字军在马其顿和小亚细亚西北部受挫，而君士坦丁堡被收复，维拉都因本人被捕，后者被迫将密斯特拉和摩尼穆瓦西亚的要塞之地割让给希腊人，以换取人身自由。即使如此，如果不是1282年的西西里晚祷叛乱浇灭了在君士坦丁堡和摩里亚南部的安茹王朝的狼子野心，那么密斯特拉可能很快也将被安茹人再度占领。也多亏了在西西里发生的事件，拜占庭当时的势力随后在这里稳定了下来。法兰克人的进一步入侵被阻止了。1348年，君士坦丁堡将密斯特拉升格为一个专制君主的城邦辖区。

只有在这里，希腊人才能在政治上和文化上生存。而色雷斯和马其顿遭到塞尔维亚人和保加利亚人的蹂躏，意大利城邦夺取了君士坦丁堡的经济控制权。一百多年后，直到1460年，密斯特拉的最后一个独裁者迪米特里奥斯向奥斯曼土耳其人投诚（7年后君士坦丁堡最终沦陷，在黑海上的希腊特雷比松陷落的前一年）。密斯特拉在艺术和人文方面蓬勃兴起，吸引了来自拜占庭各地的思想家，而拜占庭帝国的其他部分尚惊魂未定，费莫尔写道：

一个又一个高贵的王子统治着：穿着毛皮镶边的长袍，戴着圆形王冠，他们是奇特而庄严的人物。图书馆里堆满了书籍，诗人们推敲着诗句，在一座又一座新崛起教堂的脚手架上，一位又一位画家把石膏、朱砂、蛋黄、番红花粉和锌混合在一起，画出了帷幔的下落，描绘了圣人头上的光环。

密斯特拉拥有众多居民和广阔的郊区，是躲避围困、瘟疫和内乱的避风港，吸引了少数犹太人、西班牙人、威尼斯人和佛罗伦萨人。在15世纪上半叶，密斯特拉是拜占庭帝国萨洛尼卡和君士坦丁堡之后最负盛名的地方。在山顶附近，暴君们庞大而杂乱无章的宫殿使密斯特拉突然变得明显起来：以至于在土耳其统治时期，直到夏多布里昂造访城堡之前，这些遗迹都被认为是梅内劳斯的古老宫殿。

我对密斯特拉的迷恋导致我对其中最重要和最具传奇色彩的人物也同样产生了迷恋之情，他就是新柏拉图主义哲学家乔治·吉密斯托斯·普列松，意大利文艺复兴的带头人之一。人们对吉密斯托斯的生平知之甚少，广为人知的只有他晚年曾于1439年在佛罗伦萨停留了较长的时间。通过题为《论亚里士多德与柏拉图之不同》的演说，他给意大利的精英人士留下了深刻的印象，其中最受启迪的莫过于卡西莫·美第奇。英国历史学家C.M.伍德豪斯认为吉密斯托斯是最终的转折式人物：因强调古典主义，所以他是"最后一个古希腊人"；

因在复兴希腊主义的过程中运用了异教徒的理想,所以他还是"现代民族主义意义上的第一个希腊人"。

吉密斯托斯出身于君士坦丁堡的书香门第。没有人知道他确切的出生年份,尽管人们普遍认为是在14世纪50年代末或60年代初的某个时候。和许多人一样,他学习基督教神学,其最初的哲学思辨还没有从神学摆脱出来。但在犹太教师的带领下,他也学习了犹太、波斯和古希腊宗教。他对柏拉图展现出了浓郁的研究兴趣,这使得他在拜占庭首都成为东正教教士眼中饱受争议的人物。15世纪初,吉密斯托斯搬到了氛围更为自由的密斯特拉,从那以后,除了唯一一次旅行,他一生中再也没有回过希腊。抵达密斯特拉不久,他便更名为普列松(Plethon),意为"满足",发音也近似"柏拉图(Plato)"。1452年,吉密斯托斯在密斯特拉去世,正是奥斯曼土耳其人征服君士坦丁堡的前一年。

普列松生活的时代正是拜占庭帝国衰败的时代。然而,他明白,用史蒂文·伦西曼的话来说,拜占庭拥有的"一大笔资产"是"保存了古希腊的学术和文学作品",这令西方学者羡慕不已。异教徒的理想和实践从来没有从希腊生活中完全消失过,"叛教者"朱利安在4世纪曾短暂地使异教信仰复兴,当时施行的部分律例仍然存在于城市知识分子和农村农民之间。面对来自拉丁西方世界的政治和宗教冲击,普列松利用异教激励希腊民族复兴,使希腊面临来自奥斯曼帝国的军事压力,这将导致最意想不到的后果。

普列松知道，拜占庭的政治失败是精神失败的结果，因为国家若没有健全的道德标准，那么其根基迟早都会动摇。根据已故英国学者菲利普·谢拉德的说法，普列松认为，这种精神上的失败取决于两个因素：一个是上帝神圣行为的"专断性"，因此理性在希腊基督教信仰中没有任何作用，而这一事实破坏了政治文化；另一个则是盲目地排斥多神论，"扼杀了信仰媒介的智识世界"，即理论领域的"一切观点论述"，只留下造物主上帝的绝对论。在提出这些主张时，普列松实际上正在重拾一千年前北非的圣奥古斯丁尘封已久的一系列观点。他假定，因为灵魂和肉体是分离的，所以物质世界需要独立研究：这为理性主义和科学提供了宗教上的正当性。理性可以独立于基督教（或任何别的一神论宗教）而存在，并且是道德的，只要它符合普遍的原则。因此，15世纪涅槃重生的希腊正仰仗于与东正教兼容而又不属于它的理性秩序。这一论断在当下也十分重要，不仅对东正教而言，也对伊斯兰世界很重要。

在其有生之年，普列松最刻薄的对手是亚里士多德学派。正如菲利普·谢拉德在《希腊的东方和拉丁的西方》中所解释的那样，亚里士多德已经被比喻成"普遍的基督教意识"了。这使他的思想在某种程度上被中和了，因而更能被当时的标准所接受；而柏拉图的信仰则不在东正教的体系之内，这使他在某种意义上成为两位古代哲学家中更显"异教"特色的一位。新柏拉图主义者和亚里士多德主义者之间的争论对我们来说往往含混不清，却真实地困扰着一代又一代的知识分子。有时，它与柏拉图和亚里士多德的关系不大，因为他们实际上是在古代，而不是他们所代表的文艺复兴时期。亚里士多德的支持者，比如乔治·德克兰提乌斯（一个来自特雷比松家庭的克里特人）常常巧舌如簧地恶意曲解普列松的文字，导致许多人相信普列松试图通过采用异教徒思想的某些方面来取代基督教。尽管如此，按照我们自己的标准，普列松也比他的对手德克兰提乌斯显得更加保守：因为他的英雄柏拉图较少关注个人，而更多关切一些更高的、非历史的、乌托邦式的秩序；而亚里士多德，因为相信人只局限于自己对周围世界的观察，所以推断人的最高目的是自身在城邦生活中的命运。像普列松这样的新柏拉图主义者希望通过一种高于个人的神秘秩序来加强希腊的民族性，而亚里士多德主义者似乎更倾向于都市社会中的个人权利。

辩论的结果与两方的意图都相反。尽管这场争论从未得到解决，但它在整个希腊古典思想的兴起方面发挥了重要作用，最终在马基雅弗利和其他文艺复兴思想家的作品中开花结果。普列松并没有通过异教复兴东正教，而是彻底摧毁了中世纪"基督教世界"概念进程的一部分，取而代之的是科学和世俗政治。此外，普列松在访问意大利期间，向一位熟人保罗·托斯卡涅利介绍了斯特拉博的《地理志》，与托勒密的作品不同，这部作品在西方并不为人所知。而托斯卡涅利引起了航海家克里斯托弗·哥伦布的注意。

密斯特拉的一些最美丽的壁画是在普列松在此居住并执

教的时期完成的，这是在整个繁华盛世衰退之前的最后一次创作力的爆发。1460年，最后一任暴君把密斯特拉割让给了土耳其人。在18世纪末期，密斯特拉在被俄国人烧成灰烬之前，被阿尔巴尼亚人接手，到了19世纪初，又再次回到土耳其人手里。即便如此，密斯特拉留下的文化遗产已经绰绰有余。

我自斯巴达沿着一个下降的山谷向南来到拉科尼亚湾。在内陆待了几天之后，吉泰盎海港的户外餐厅和闪闪发光的栏杆吸引了我。一个侍者拿着一张巨大的餐巾纸走来，将其铺在我的方桌上后，又用塑料夹子迎风固定住。而后他在桌上摆满了海鲜开胃菜和一罐金属容器盛放的白葡萄酒。远山在海面边际若隐若现。在希腊，视线范围内几乎总是看得见下一片陆地的踪影。

我对被海水冲刷过的吉泰盎海港的记忆和我多年来访问过爱琴海岛屿的记忆交织在一起。我通常在3月下旬和4月去那里，在我的脑海中，这些岛屿与东正教的复活节——逾越节有关，它比拉丁世界的复活节更为盛大。在逾越节上，基督徒和他们的异教徒祖先，把世界从冬天的荒芜和黑暗中解放出来。

我记得在希罗斯岛的一座教堂里，挤满了吟唱耶稣复活故事的人，那让教众狂喜的故事以3名妇女瞻仰亚利马太的约瑟之墓告终。教堂钟声敲响12下时，牧师宣布"基督复活"，并点燃一支蜡烛，而后人们传递式地一个接一个念出"基督复活"，同时接龙点燃蜡烛，直至所有蜡烛都被点燃，教堂也由暗转明。最后全体念出"基督复活"。教堂门打开，外面的棕榈树在夜风中正轻柔呢喃，我们走出去为外面台阶上等候的群众点蜡。

在靠近土耳其海岸的萨摩斯岛，士兵们在寒冷的夜晚列阵以待，直到教堂内的圣歌越来越响，门突然打开，露出一片明晃晃的蜡烛森林。然后乐队开始演奏，士兵们领走一队拿着十字架和圣像的神职人员，小男孩们在人群中挥舞着玩具手枪。到达广场后，人群举起蜡烛、圣像和十字架，向夜空做了一个惹人悲悯又不乏挑战意味的手势。

在希俄斯岛，复活节后的翌日早晨，我穿过一座废弃房屋的花园，里面蜜蜂吵吵闹闹，紫丁香、茉莉花和柠檬花肆意绽放。拿着一把硕大的钥匙，一位希腊朋友打开了那扇被腐蚀的木门，其祖母正是在这里长大的。屋内的灰泥从墙上剥落，露出下面的石头。我的脸因灰尘和蜘蛛网而发痒。我们爬到楼上，透过窗户可以看到土耳其海岸线上塞斯梅低矮的山峦。在地板上，我注意到一个木制的箱子，翻了翻。里面有几张小垫布、旧照片和一枚孤零零的彩蛋。我手里拿着这枚彩蛋，生怕把它弄破，这枚放在箱子里几十年的蛋一定有些可怕的故事。所以我把它放了回去，岁月留痕，最好原封不动。

十五

地中海最后的帕夏[1]

---

[1] Pasha,旧指奥斯曼帝国的高级官员。

吉泰盎的另一面，是伯罗奔尼撒半岛最南端泰格图斯山的一个狭岬——马尼半岛。这里可以说是希腊最偏远的地方，是世仇争斗和最激进的独立斗士的家园。马尼人是最后皈依基督教的希腊人，直到9世纪末，他们才放弃异教。从建有中世纪塔楼、筑有围墙的村庄望出去，高高竖立的石灰岩岬角光秃秃的，下面是布满泡沫的海湾。这种景色让人想起南面紧挨着的残破、孤寂的利比亚。

2002年3月，我再次回到数十年前游访过的马尼半岛。我由吉泰盎向西南行驶，经过山脉的一个隘口，穿过半岛，到达半岛的另一边海岸。沿着海岸线向北走，海湾的壮观景色令人应接不暇。零星的标识表明这里经过了轻微的旅游开发热潮。除此之外，这里只有一片寂静的多石荒原，到处是虫鸣和远处的巨浪声响。卡尔达米利，一个用褪色的瓦片砌成的石屋群，炫耀着它对古典和中世纪景观的完美融合。小镇面对着一片不朽的大海，是荷马式希腊的浪漫速写。远处地平线外，有一位名为内斯特的国王，在《伊利亚特》和《奥德赛》中都是圣人的形象，他在位于皮洛斯的宫殿里款待奥德赛的儿子泰勒马库斯；宫殿后面则是一团泰格图斯山黑暗险恶的身影，从古希腊罗马完结的时代到19世纪希腊独立战争，见证了崎岖内陆那些名不见经传的部落及其族群绵延不绝的纷争。

从南部进入卡尔达米利，种着橄榄树和小柏树的梯田延伸到海边。那里有一座红色瓦顶的别墅以及小海湾，海湾通向梅西尼湾，是一个完美无瑕的地中海景观。因为地中海没有潮汐，"它几乎没有荒凉的一面"，司汤达注意到，"这些海岸的泥沙从未经过冲刷，这……使旅行者感到悲伤，并让他看到小船垂头丧气地搁浅岸边"。我转过一条蜿蜒的泥泞小路，朝别墅走去。

我发现了一辆破旧的白色标致车，便停在它旁边。树丛后长长的石墙上有一扇巨大的门。打开门，我注意到一堆橄榄木原木、几根手杖和一双高帮胶靴。一名年轻的希腊女子走过来引我进去，带我去见"密恰里先生"（Kyrie Michali）。"是迈克尔先生（Mr.Micheal）吗？"我不确定是否找对了地方。她领我经过一座凉亭，我感觉劲风正如掀翻帆布一样搅动着海洋。我们来到另一扇厚重的大门前，她推开了门。

我进入了一个又长又大的图书馆，烟囱里燃烧的橄榄木和一个旧的冒着烟的煤油取暖器发出刺鼻的气味。破旧的装订书堆放在直达天花板的入墙式架子上。地板上铺着东方羊皮地毯。在一排排书架之间，透过拱形的窗户可以看到下面展开的多瘤的闪亮的橄榄林。靠近门的地方是一个低矮的土耳其式沙发，上面有锦缎枕头，透过沙发上方洁白的上舷窗，可以看到在冬日阳光里呈现墨和钢的色彩的地中海。在如此壮丽的景色中，一个满头浓密卷曲白发，脸上布满岁月痕迹的男子，如同为中东驼队经营客栈生意的老帕夏，从树林的烟雾中现身，他笑意盈盈地伸出了手。

他的衣服上有烧焦木头的气味，两层破烂的泥色毛衣下面是一件精致的白领衬衫，这是他并非身无分文的唯一证明。我刚刚见到的手杖、双层毛衣和红润的脸色均表明他在寒冷的房间里过着健康的生活。

"她称你为迈克尔？"我有些疑惑地问道。

"噢，是的。如果你在这里称呼帕特里克（Patrick），他们都会叫作佩德罗斯（Petros），那可是位德高望重的长者，那就不适合我了。我想，是时候喝一杯了。茴香酒可以吗？"

靠近图书馆入口，堆满了靠枕和书画，在仍有空余且光线充裕的地方，放置着一个摆满烈酒的柜台式长桌。我们各自啜饮了一小口茴香酒，他便带我来到一张靠近休息区的桌子前，那里已经准备好了午餐——白扁豆、撒了胡椒粉的煮鸡蛋、山羊奶酪、沙拉和一升邻村自酿的松香味儿的希腊葡萄酒。"来吧，继续。"他热情地款待着我。

先前在电话里向我打招呼并给我指路的声音变得熟稔起来，充满了活力和强烈的存在感。这是一种属于另一个时代的悦耳嗓音，仿佛通过第二次世界大战的无线电波发出。

1933年12月，18岁的帕特里克·莱伊·费莫尔从桑赫斯特皇家军事学院休学，选择徒步去君士坦丁堡。他的背包是6

年前罗伯特·拜伦、大卫·塔尔博特·赖斯和马克·奥格尔维·格朗去阿托斯圣山旅行时的同款。费莫尔从荷兰穿过希特勒的德国，越过匈牙利大平原和巴尔干半岛，来到奥地利，每周靠一英镑生活，有时宿在城堡里，有时则宿在谷仓里。到达君士坦丁堡后，他继续游历到希腊，在阿托斯圣山上的俄罗斯圣潘泰利蒙修道院度过了 20 岁的生日。后来，他在罗马尼亚北部一座拥有宏伟图书馆的乡间别墅里待了两年，相当于接受了大学教育。在二战爆发时，他成了英国联络官。纳粹占领克里特岛后，希腊军队在阿尔巴尼亚与墨索里尼作战，他潜入克里特岛协助组织抵抗，住在山区，伪装成戴着黑色头巾绑着腰带的克里特岛牧羊人，手持刀柄镶着银和象牙的匕首。1944 年，他和其他几个英国人一起组织并实施了对克里特岛塞瓦斯托波尔师的纳粹指挥官维尔纳·克赖皮将军的绑架行动。费莫尔的队伍强迫克赖皮将军向大海进发，黑暗中有一艘船等着他们逃往埃及。绑架事件是费莫尔的战友 W. 史丹利·莫斯所著《月光下的不期而遇》一书以及英国同名电影中描述的题材，演员德克·博加德在影片中饰演费莫尔。尽管德国人悬赏费莫尔的人头，他还是回到了被占领的克里特岛，"我的牛头怪漫野的家乡"，他在信中浪漫地写道。他后来被授予 DSO（优异服务勋章）和 OBE（大英帝国勋章）。

　　第二次世界大战结束后，费莫尔去了加勒比海，并在那里接连创作了一本游记和一部小说。小说《圣雅克的小提琴》后来改编为一部歌剧。他自 1950 年代初期返回希腊永久定居，并在那里创作了他的名著《马尼》和《努美利》——分别是关于希腊两个地区的游记,可以说代表了英语写作旅行文学的高水准。这两本书的幽默风趣一如罗伯特·拜伦的《驿站·圣山:宝藏与男人》,不过前者的记叙更为流畅,文笔更为华丽,涉及的知识面更为广博。

在马尼岛,我们看到海豚化为"速度的美丽化身",我们了解到,希腊人用来引燃煤块烧水供暖的是种来自伊朗伊斯法罕的树叶,还有带着松香味儿的希腊葡萄酒源于古代。在一段令人难忘的篇章中,作者讲述了一次在卡拉马塔附近与一位朋友共进晚餐的情景:那一天太热了,以至于堤岸的石头"像揭开盖的砂锅一样把热量反射回来",费莫尔和他的朋友一时冲动,把他们的铁桌子和椅子抬到几米外,坐在齐腰深的水里,桌子好像浮在水面十厘米高的地方。希腊侍者"很快掩起笑意",然后毫不犹豫地"带着管家的威严"踏入水中,呈上为他们烤好的鲱鱼,两人将鱼尾巴蘸了一会儿水,便"尽情享受他们的海洋风味"。

在《努美利》中,费莫尔写的是希腊中部一个在现代地图上找不到的地区。书中研究了东方的僧侣制度、异教徒萨拉卡山垂死的方言和卡拉瓦拉部落的秘密语言,以及如何区分西部和东部希腊的六十多个心理特征和符号。在其他的艺术成就中,作者追溯了拜伦勋爵在品都斯山脉的脚步,并以7页的篇幅记叙了关于希腊世界的声音:

阿卡迪亚是双长笛，阿拉乔瓦是小锤撞击扬琴的叮当声，努美利是一首由狗吠和尖利的口哨声合奏出来的希腊自由战士之歌，伊庇鲁斯是大象的践踏声，出征舞——脚后跟击踏的扎米可舞——是踢踏跺脚声，而冬青斛是铎铎尼亚的标志，亚克罗塞劳尼亚山脉则是雷雨曲。

1977年，费莫尔出版了第一本个人回忆录，为其年轻时在欧洲的游记《一段赠予的时光：徒步至君士坦丁堡，从荷兰角到多瑙河中游》。这是一本无与伦比的大师作品，年轻的灵魂在里面探寻新奇的景色、恐怖的政治、奇特的文明。其中一个片段，作者描述了小客栈里挤满了穿着褐色制服唱歌的纳粹分子："啤酒、葛缕子、蜂蜡、松木、融化的雪，加上浓浓的短雪茄烟，散发着一种温和的香气，空气中还弥漫着一丝德国泡菜的香味。"环境中弥漫的迷人气息、松树下梦幻般的爱情之歌以及一些"可能是职员或学生"的戴着眼镜、身着褐色制服的人脸，无不让年轻的旅行者很难"把歌手与有组织欺凌和打砸犹太商店橱窗的暴徒联系起来"。不管他走到哪里，都有所收获。在日志丢失后，一位德国男爵出于同情，给了他一卷贺拉斯——"17世纪精致地印在阿姆斯特丹薄纸上、用绿色皮革精装、上有镀金字样的作品"。

9年后，第二卷《林与水之间：徒步至君士坦丁堡，从多瑙河中游到铁门峡》问世。书中记录了特兰西瓦尼亚文化的特写镜头，而当时这种文化很快就被纳粹主义等湮没了。同匈牙利最后一代地主大家族出游,费莫尔亲历了他们的封建礼节、庞大的图书馆和午夜的篝火。

87岁高龄的费莫尔已经在卡尔达米利奋斗了十六年,写他的第三卷也是最后一卷回忆录——离开多瑙河的铁门峡(罗马尼亚、南斯拉夫和保加利亚接壤的边界)到君士坦丁堡。

"告诉我你的背景。"在我们品起自酿希腊葡萄酒的时候,他发了问——那是我品过最精致的美味。

他耳朵不好,所以说话也很大声。我用几句话给他讲述了我的生活故事:我在纽约市的一个工薪阶层居住区长大,去了一个著名的大学,年轻时曾访问过希腊乡下,才发现了希腊和汗牛充栋的著作,其中不乏他的作品,这些不知怎的为我提供了一个新闻写作的方向。当我提到我在淡季写地中海时,他说:"我在海德拉岛住了两个冬天。只有你在那里过冬后,当地人才接受你。在那之后,他们会把你视作土生土长的当地人。"后来我才发现,虽然他给我去他家的指引并不完全正确,而且他一度忘了我驱车而非徒步来此,不过他的语言仍然丰富流畅,仿佛随时准备着。他还引用沃夫·埃夫林的话指导我写作的三个要素——"悦耳、清晰和简洁"。

我们交换了关于俄罗斯圣潘泰利蒙修道院的回忆,发现前后相差45年拜访了那里。"是的,当你遇到那两个俄国神学院学生时,冷战似乎是没完没了的。"他接着说,"你知道,正是因为有了拜伦的书,我才在到达君士坦丁堡后,决定去圣山。后来我遇到了拜伦。第二次世界大战之前,我在伦敦四处游荡。他很拘谨,但很讨喜,不时还会加入理性辩论。他是《故园风雨后》那个时代的人。啊,真遗憾他葬身大海了。"1941年,36岁的罗伯特·拜伦坐的船被德国人用鱼雷击沉,当时他正要前往开罗担任战地记者。当然,如果他还活着,他一定会投身希腊人反抗德国人的斗争。他有他的理由!他是那么才华横溢。

"不过,没有人比拉里的内容更为丰富多彩,"费莫尔指的是达雷尔,"拉里,我很清楚。他是个充满活力与生命爆发力的家伙。他个子很矮,但精力充沛。他能游得比我认识的任何人都快——对一个小个子来说,真是不容易。他会弹任何弦乐器,也会唱歌。他总是很紧张,我是说,这是好的方面。他的谈话是精彩的、无边无际的。几个字从他嘴里说出来,结构复杂完整,合乎语法。这是非凡的。不过,塞浦路斯把他打垮了。起初,他无法接受塞浦路斯人那样地憎恨英国人,他们的利益与我们的不同。也许这就是为什么他能敏锐地捕获那里的剧变。政治总是带有侵略性。"

我们谈论着中东地区——20世纪70年代的穿梭外交和以色列-巴勒斯坦的梦魇。当我提及英国外交官和旅行作家弗雷娅·斯塔克,笑意顺着他的皱纹舒展开来。"是的,"他站起身来,望着窗外的大海,"她的声音会上下起伏,"他像指挥家一样挥舞着他的手,"她很有趣,总是非常安静,总是和将军总督们在一起。她来过一两次。不,我想是两三次。"

即使他的回忆录的最后一卷是关于保加利亚的,但他并不知晓简·弗莱切尔·葛尼斯关于弗雷娅·斯塔克的新传记，也不知道保加利亚前国王西蒙当选为总理。当然，这些对他来说都无关紧要，同他真正着墨的内容也关联不大。但是，当我提到普列松，他以低沉的语气近乎喃喃自语地说，关于普列松的尸首是如何在他死后13年的1465年被挖掘出来的，当时里米尼国的世袭统治者、威尼斯远征军的雇佣兵指挥官西吉斯蒙多·马拉泰斯塔占领了密斯特拉的下城，并拒绝在土耳其军队面前撤退，然而并未立马认领他青睐的哲学家之尸身。马拉泰斯塔是一位有鉴赏力的艺术和哲学赞助者，他在里米尼的坦皮奥·马莱斯蒂亚诺的外墙上，将普列松的石棺重新埋葬。费莫尔的博学让其作品字里行间都充满了趣味：他从专业渠道挖掘出来的珍宝，没几个人知道。

"你不能当一名旅行作家，"他说，"你只能当一名深入调查的作者。"

"想要知道1944年克里特岛的事情，那么《月光下的不期而遇》最新版就非读不可了。现在我也必须看一看斯塔克的传记了。"

"我让我的助手给你寄来。"我略带歉意地解释道，我现在50岁了，终于需要一个助手了。

"天哪，我从来没有一个助手。但是只要你继续做研究就没有问题，写作的全部意义是学会将你的质疑传递给其他人，如果其他人帮你做这件事，那你当一个作家还有什么意义？"

那位希腊女子端着盛着几杯希腊咖啡的铜盘走来，我从咖啡里彩虹般的泡泡中抬头看了看书架上的一些东西：八卷的《意大利法兰克人历史》、利克在诺特伯伦的游记《希腊北部之旅》、高登的《希腊革命史》，以及1910年出版的《大英百科全书》第11版——"这是最后一本好书，"费莫尔说，"你应该在餐厅放置好的参考资料。因为最好的争论始于晚餐，你必须有办法解决。"

"那些画？"我指着挂在酒杯上方的两幅现代画问道。

"吉卡，希腊的毕加索。这些都是他给我的。"

尼科斯·哈吉里亚科斯·吉卡是20世纪著名的希腊画家，他以白色的形状、蜿蜒曲折的鹅卵石街巷入画，将立体主义融入希腊风景画，进一步提升了毕加索的理想。吉卡用强烈的色彩描绘出一个内在、抽象的宇宙，灵感来自他的家乡海德拉岛。康定斯基和保罗·克利也是用类似手法描绘突尼斯的抽象美。吉卡还是亨利·米勒的《马洛斯巨像》中的一个人物。我记起费莫尔也向吉卡献过《林与水之间》。

我们走出去，来到曲折的台阶前，在那里，鹅卵石和石子排列成令人愉悦的几何图形，形成了一个个荫蔽又视野开阔、适合午餐和夏季晚宴的小角落。我想起了费莫尔、杜勒尔、斯塔克、吉卡、诺贝尔奖获得者诗人乔治·塞弗利斯及其他文学和知识界的伟人在这里的对话。我们身后，泰格图斯山的黑影高高矗立，另外三面海水拍打着下面的岩石时，房子旁边摆着一张蓝白相间的伊比利亚瓷砖桌，像是一张请柬，请你坐下看书或喝杯酒。

"我的意思是,那是战后,希腊内战,"他说着,顺着我的视线穿过露台,"琼和我从斯巴达来到泰格图斯山。"

"坐汽车吗?"我天真地插嘴了。

"天啊,不。我们步行,散步,好几天。我们从山上下来发现了这个地方。后来我们遇到了这些出色的工人,其中还有一名成为在我婚礼上的伴郎。那时候房子真的很便宜。我自己设计的台阶。这里的橄榄林非常非常古老。我们不得不连根拔起几棵树来盖房子。当我们重新种下它们时,只活了一棵。"

他领着我回到家里,上上下下,进这间出那间,每个房间都带小露台。他的有力步伐让他看起来像个青年人,也让他徒步欧洲的壮举变得十分可信了。我又看到真正汗牛充栋的旧书——亨利·詹尼斯、吉卜林和艾略特的全部作品,包括近东历史、印度艺术等晦涩难懂的书卷,以及不计其数的旅游指南。我注意到还有一间屋子里堆满了匈牙利语季刊,几乎和眼睛齐平,我问他是否读过。

"天啊,不。书刚到。我没法扔。我已经失去了按任何顺序保存它们的能力。不管找什么都得花个把小时。太令人沮丧了。但我不会丢弃它们。"当然不会。它们都使他想起了他去过的某个地方。我记得我遇见过一位二战时期的老记者,他家在开普敦,客厅地板上贴满了剪报,希望记录下他所报道的每一个国家——那可是近乎半个地球的数量。

"这才是真正干活儿的地方。"

我们现在在一个挨着露台的粉刷过的房间内,里面到处都塞着书，还有几张堆满纸张和手稿的桌子。其中，有一台状态良好的"奥利维提"牌打字机，那便是屋内唯一一样同20世纪办公科技相关联的事物。

"就在1935年的新年，就在我20岁生日之前……"他开始有些精神恍惚。我想，他的生命之火在变暗，我意识到我应该早几年找到他。他开始抨击新出的一本关于欧洲东部的旅行游记，因为书中并未提及来自布克维纳的诗人，而我自己也从未听过那些诗人的名讳。尽管如此，我还是担心他期待已久的最后一卷回忆录可能永远完不成。当我从窗户里看到野花时，我想起很久以前在密斯特拉看到的一种不知名的植物，问他叫什么名字。他思忖半晌，最后欢快地宣布："我已经成为一个记忆支离破碎的殉道者了。"

我们漫步到另一个房间，在那里，他给我看了一些19世纪英国幽默作家和艺术家爱德华·李尔的原画，其以画黎凡特小品而闻名——他告诉我，这也是他人赠送的礼物。这座宏伟的房子比我多年来遇到的那些华厦要深刻得多，与其说是因为财富，不如说是因为帕特里克和他妻子琼的无畏气度，我想起了达雷尔在《苦柠檬》中描述的塞浦路斯岛上"喜鹊"的故事：这里的喜鹊不是鸟，而是那些洗劫地中海和近东地区的外国人，他们总会带回"一堆令人困惑的东西——从埃及烛台到土耳其清真寺的灯"，以装饰他们的沙龙和书房，使它们看起来像一个作家住的房子。费莫尔的房子不是地位的象征品，而是一个圣徒的纪念碑。

"我希望我已经给了你进一步阅读的想法，"他说着，带我走到我的车旁。

"你呢？"

"我这几天正在读诗。"他陷入了回忆。我还有很多问题想问他，但是又看到他已经很疲惫了，我记得他在《马尼》中曾写道，"下午是最适合睡觉的时间"。

离开卡尔达米利时，已经变天了。现在风好像要把树刮断，水天一色，都阴沉沉的。我缩着脖子走着。在倾盆大雨中，我向北行驶了一个小时，直到卡拉马塔。然后花了 90 分钟，穿过翻涌的橄榄树林向西走，在一系列的之字形山路后，我从一座山上驶下来，像火山口一样的纳瓦里诺湾看起来像是一块金子，云层散开，夕阳流光溢彩。皮洛斯位于海湾的边缘，在带状的雾气中呈现出白色的建筑群。我在那里找到一家旅馆，旅馆的木地板吱嘎作响，这让我想起了约翰·梅斯菲尔德的一首诗《海之恋》。那夜，我熬到很晚，一直在记录我们白天的对话，尽管如此，我的记述还是有所缺失。

费莫尔找到了自己的生活方式，他人无法复制。但是不论我们的能力如何，身处在什么样的环境之下，等候我们挖掘的宝藏都十分丰富。唯一需要召唤的便是我们的灵感。

推荐书目

Ammianus, Marcellinus. *History: Books 20–26*. Translated by John C. Rolfe, Harvard University Press, Cambridge, Massachusetts, 1940.

Andrews, Kevin. *The Flight of Ikaros: Travels in Greece During a Civil War*. Houghton Mifflin, Boston, 1959.

Auden, W. H. *The Double Man*. Random House, New York, 1941.

Augustine, Saint. *The City of God*. Translated by Marcus Dobs. Modern Library, New York, 1994.

——. *The Confessions*. Translated by John K. Ryan. Image/Doubleday, New York, 1960.

Barzun, Jacques. *From Dawn to Decadence: 500 Years of Western Cultural Life; 1500 to the Present.* HarperCollins, New York, 2000.

Bergson, Henri. *Matter and Memory.* Translated by N. M. Paul and W. S. Palmer. Zone Books, New York, (1908) 1991.

Bowra, C. Maurice. *The Greek Experience.* The World Publishing Company, New York, 1957.

Bradford, Ernle. *Mediterranean: Portrait of a Sea.* Harcourt. New York, 1971.

Braudel, Fernand. *The Mediterranean and the Mediterranean Wold in the Age of Philip II.* Volume I. Translated by Sian Reynolds: Harper & Row, New York, (1949) 1972.

Byron, Robert. *The Station: Athos; Treasures and Men.* With an Introduction by Christopher Sykes. Knopf, New York, (1928) 1949.

Byron, Robert, and David Talbot Rice. *The Birth of Western Painting: A History of Colour, Form, and Iconography.* Illustrated from the Paintings of Mistra and Mount Athos, of Giotto and Duccio, and of El Greco. Knopf, New York, 1931.

Cavarnos, Constantine. *Orthodox Iconography.* Institute for Byzantine and Modern Greek Studies, Belmont, Massachusetts, 1977.

Chatzidakis, Manolis. *Mystras: The Medieval City and the Castle.* Ekdotike Athenon, Athens, 1981.

Clark, Eleanor. *Rome and a Villa.* Atheneum, New York, 1950.

Clogg, Richard. *A Short History of Modern Greece.* Cambridge University Press, New York, 1979.

Cronin, Vincent. *The Golden Honeycomb.* E. P. Dutton, New York, 1954.

Davenport, Fionn. *Sicily.* Lonely Planet, Oakland, California, 2000.

Douglas, Norman. *Siren Land and Fountains in the Sand.*

Secker and Warburg, London, (1911 and 1912) 1957.

Dumas, Alexandre. *The Count of Monte Cristo*, 1846.

Durrell, Lawrence. *Bitter Lemons*. Faber and Faber, London, 1957.

———. *Sicilian Carousel.* Faber and Faber, London, 1977.

———. *Spirit of Place: Letters and Essays on Travel.* Edited by Alan G. Thomas. E. P. Dutton, New York, 1971.

Faerna, Jose Maria. *Klee,* Cameo/Abrams, New York, 1996.

Fanon, Frantz. *The Wretched of the Earth.* Grove Press, New York, 1963.

Fantar, Mhamed Hassine. *Tunisia: Crossroads of Civilizations.* National Archaeological and Art Institute, Tunis, 1992.

Fermor, Patrick Leigh *Between the Woods and the Water: On Foot to Constantinople; From the Middle Danube to the Iron Gates.* John Murray, London, 1986.

———. *Mani: Travels in the Southern Peloponnese.* John Murray, London, 1958.

———. *Roumeli: Travels in Northern Greece.* John Murray, London, 1966.

———. *A Time of Gifts: On Foot to Constantinople; From the Hook of Holland to the Middle Danube.* John Murray, London, 1977.

Flaubert Gustave. *Salammbo.* Translated by A. J. Krailsheimer. Penguin Books, New York, (1862) 1977. Some of the quotations I used come from a 1931 translation by J. C. Chartres, published by E. P. Dutton, New York.

Fox, Robert. *The Inner Sea: The Mediterranean and Its People.* Knopf, New York, 1993.

Frazer, James George. *The Golden Bough: A Study in Magic and Religion.* Macmillan, London, 1922.

Fussell, Paul. *Abroad: British Literary Traveling Between the*

Wars. Oxford University Press, New York, 1980.

Gage, Nicholas. *Hellas: A Portrait of Greece.* Efstathiadis Group, Athens, 1987.

Geertz, Clifford. *Islam Observed.* University of Chicago Press, Chicago, (1968) 1971.

Geniesse, Jane Fletcher. *Passionate Nomad: The Life of Freya Stark.* Random House, New York, 1999.

Gibbon, Edward. *The Decline and Fall of the Roman Empire.* Volumes 1–3. Everyman/Knopf, New York, 1910.

Gide, Andre. *Amyntas: North African Journals.* Translated by Richard Howard. The Ecco Press, New York, (1906) 1988.

———.*The Immoralist.* Translated by Richard Howard. Knopf, New York, (1921) 1970.

Goethe, Johann Wolfgang von. *Italian Journey: 1786–1788.* Translated by W. H. Auden and Elizabeth Mayer. William Collins Sons, London, 1962.

Graves, Robert. *The Greek Myths: 1 & 2.* Penguin Books, New York, 1955.

———. *The White Goddess: A Historical Grammar of Poetic Myth.* Farrar, Straus and Giroux, New York, (1948) 1966.

Gress, David. *From Plato to NATO: The Idea of the West and Its Opponents.* The Free Press, New York, 1998.

Guido, Margaret. *Sicily: An Archaeological Guide: The Prehistoric and Roman Remains and the Greek Cities.* Faber and Faber, London, 1967.

Hamilton, Edith. *The Greek Way.* Norton, New York, 1930.

Hanson, Victor Davis. *Carnage and Culture: Landmark Battles in the Rise of Western Power.* Doubleday, New York, 2001.

Homer. *The Iliad.* Translated by Robert Fagles. Viking, New York, 1990.

———. *The Odyssey.* Translated by Robert Fagles. Viking, New

York, 1996.

Ibn Khaldun. *The Muqaddimah: An Introduction to History.* Translated by Franz Rosenthal. With an Introduction by N. J. Dawood. Bollingen/Princeton University Press, Princeton, New Jersey, (1958) 1967.

Kagan, Donald. *The Peace of Nicias and the Sicilian Expedition.* Cornell University Press, Ithaca, New York, 1981.

Kazantzakis, Nikos. *Journeying: Travels in Italy, Egypt, Sinai, Jerusalem and Cyprus.* Translated by Themi Vasils and Theodora Vasils. Little, Brown, Boston, (1961) 1975.

Klee, Paul. *The Diaries of Paul Klee: 1898–1918.* University of California Press, Berkeley, California, 1964.

Lampedusa, Giuseppe di. *The Leopard.* Translated by Archibald Colquhoun. Pantheon, New York, 1960.

Le Normand-Romain, Antoinette. *Rodin: At the Musee Rodin.* Editions Scala, Paris, 1996.

Livy. *The War with Hannibal,* Translated by Aubrey de Selincourt. Penguin, New York, 1965.

Lucas, F. L. *Greek Tragedy and Comedy.* Viking, New York, (1954) 1967.

MacDonald, William L., and John A. Pinto. *Hadrian's Villa and Its Legacy.* Yale University Press, New Haven, Connecticut, 1995.

Martin, John Rupert. *Baroque.* Westview Press, Boulder, Colorado, 1977.

Miller, Henry. *The Colossus of Maroussi.* Secker & Warburg, London, 1942.

Missac, Pierre. *Walter Benjamin's Passages.* Translated by Shierry Weber Nicholsen. MIT Press, Cambridge, Massachusetts, (1987) 1995.

Montesquieu. *The Spirit of the Laws.* Translated by Anne M. Cohler, Basia Carolyn Miller, and Harold Samuel Stone. Cambridge University Press, New York, (1748) 1989.

Moss, W. Stanley. *Ill Met by Moonlight*. Harrap & Company, London, 1950.

Norwich, John Julius. *A History of Venice*. Knopf, New York, 1977 and 1981.

———. *The Kingdom in the Sun: 1130–1194*. Harper & Row, New York, 1970.

———. *The Other Conquest*. Harper & Row, New York, 1967.

Oliver, Jeanne. *Croatia*. Lonely Planet, Oakland, California, 1999.

Petrarch. *Selections from the Canzoniere and Other Works*. Translated and with an Introduction by Mark Musa. Oxford University Press, New York, 1985.

Plutarch. *The Lives of the Noble Grecians and Romans*. Volume II. Translated by John Dryden. Modern Library, New York. (1683–86) 1992.

Pound, Ezra. *Selected Cantos*. New Directions, New York.

1966.

Praga, Giuseppe. *History of Dalmatia.* Giardini, Pisa, ltaly, (1954) 1993.

Proust, Marcel. *Swann's Way.* Translated by C. K. Scott Moncrieff. Modern Library, New York, 1928.

Puglisi, Catherine. *Caravaggio.* Phaidon Press, London, 1998.

Raven, Susan. *Rome in Africa.* Evans Brothers, London, 1969.

Rilke, Rainer Maria. *Lettres à Rodin.* Preface de Georges Grappe. Editions Emile-Paul Frères/Bartavelle, Paris, 1930.

——. *Rodin.* Grey Walls Press, London, 1946.

Robb, Peter. *Midnight in Sicily.* Duffy & Snellgrove, New south Wales, Australia, 1996.

Runciman, Steven. *Mistra: Byzantine Capital of the Peloponnese.* Thames and Hudson, London, 1980.

———. *The Sicilian Vespers: A History of the Mediterranean World in the Later Thirteenth Century.* Cambridge University Press. Cambridge, England, 1958.

Senior, Michael. *Greece and Its Myths.* Victor Gollancz, London, 1978.

Sherrard, Philip. *The Greek East and the Latin West: A Study in the Christian Tradition.* Oxford University Press, London, 1959.

Simeti, Mary Taylor. *On Persephone's Island: A Sicilian Journal.* Knopf, New York, 1986.

Stendhal. *Memoirs of a Tourist.* Translated by Allan Seager. Northwestern University Press, Chicago, (1838) 1962.

Stevens, Wallace. *The Collected Poems.* Knopf, New York, 1954.

———. *Harmonium.* Knopf, New York, 1923.

Strassler, Robert B. *The Landmark Thucydides: A*

Comprehensive Guide to the Peloponnesian War. Translated by Richard Crawley. The Free Press, New York, (1874) 1996.

Tennyson, Alfred, Lord. *The Works of Alfred, Lord Tennyson.* Macmillan, London, 1892.

Theroux Paul. *The Pillars of Hercules: A Grand Tour of the Mediterranean.* Ballantine, New York, 1995.

Thucydides. *The Peloponnesian War.* Translated by Thomas Hobbes. University of Michigan Press, Ann Arbor, Michigan, (1629) 1959.

Travirka, Antun. *Split: History, Culture, Art Heritage.* Forum, Zadar, Croatia, 2000.

Virgil. *The Aeneid.* Translated by Robert Fitzgerald. Random House, New York, 1981.

Ware, Timothy. *The Orthodox Church.* Penguin Books, New York, 1963.

West, Rebecca. *Black Lamb and Grey Falcon.* Viking, New York, 1941.

Willett, David. *Tunisia.* Lonely Planet, Oakland, California, 1998.

Wills, Garry. *Saint Augustine.* Viking, New York, 1999.

Woodhouse, C. M. *George Gemistos Plethon: The Last of the Hellenes.* Oxford University Press, New York, 1986.

Yourcenar, Marguerite. *Memoirs of Hadrian.* Translated by Grace Frick. Farrar, Straus and Giroux, New York, (1951) 1963.

Zeraffa, Michel. *Tunisia.* Translated by R. A. Deam. Viking, New York, 1965.